出发！寻梦三星堆

黄晶 著　乔梁 绘

北京理工大学出版社
BEIJING INSTITUTE OF TECHNOLOGY PRESS

版权专有　侵权必究

图书在版编目（CIP）数据

出发！寻梦三星堆 / 黄晶著；乔梁绘. -- 北京：
北京理工大学出版社，2024.9.
ISBN 978-7-5763-4355-7

I. K872.71-49

中国国家版本馆CIP数据核字第2024NT2211号

责任编辑：顾学云	**文案编辑**：顾学云
责任校对：周瑞红	**责任印制**：李志强

出版发行 / 北京理工大学出版社有限责任公司
社　　址 / 北京市丰台区四合庄路6号
邮　　编 / 100070
电　　话 /（010）68944451（大众售后服务热线）
　　　　　（010）68912824（大众售后服务热线）
网　　址 / http：//www.bitpress.com.cn

版 印 次 / 2024年9月第1版第1次印刷
印　　刷 / 天津睿和印艺科技有限公司
开　　本 / 889 mm × 1194 mm　1/20
印　　张 / 9
字　　数 / 135千字
定　　价 / 68.00元

图书出现印装质量问题，请拨打售后服务热线，负责调换

探索之路 逐梦之旅

——序《出发！寻梦三星堆》

屈小强

屈小强 四川省人民政府文史研究馆馆员、编审，中国作家协会会员，广汉市三星堆古蜀文化研究协会研究员

三星灿灿，明月皎皎。在我国西南腹地、长江上游的成都平原，有一处神奇的地方——清代嘉庆年间的《汉州志》称它为"三星伴月堆"，就是今天大家熟知的广汉三星堆。1927年春天，一位叫燕道诚的农民在这里的月亮湾不经意间挖出一堆商周玉石器及陶器残片，由此叩开三星堆宝藏之门。近百年来，三星堆一直散溢出诱人的魅力，吸引了一代又一代考古工作者前往探秘，也吸引着一批又一批小朋友前去寻梦。

三星堆在商代应该是古蜀国的一个繁华大都会：城墙巍峨，房屋密集，机杼悦耳，车马喧腾。可是这样一个古城古国古文化，为什么会在距今约3000年时突然消失了？这里面有多少不为人知的秘密？它们遗留下的琳琅满目的大宝贝，如青铜大立人、神树、神兽、神坛、纵目面具等青铜器，黄金面具、黄金杖等金器，以及无数玉石器、陶器等，表现出古蜀人怎样的生

产生活状况和商贸面貌？三星堆的祭祀仪式寄托了古蜀人多少精神需求与愿景梦想？

三星堆古蜀人有什么样的宗教信仰和宇宙观？他们认识的天、地、神和太阳、树木、山川、鸟兽是怎样的模样？他们如何与外界交流，与世界交往？它们同《山海经》等上古典籍有什么关系？三星堆里隐藏有多少动人的故事和美丽的传说？……

岁月悠悠，葳蕤生香。有道是：总有人间一两风，填我十万八千梦。这部《出发！寻梦三星堆》就是一个揭秘三星堆的指南，一把打开古蜀迷宫的钥匙。它以巧妙的结构、丰富的画面、科学的分析、生动的叙述，展现了三星堆古蜀人的勤劳智慧、乐观浪漫的秉性和砥砺深耕、克难攻坚的工匠精神，不仅大体回答了古蜀人是谁、从哪里来、到哪里去的哲学终极之问，而且还有力地证明了中华民族自古以来就不乏自信心与创造力。

春风化雨，开雾睹天。总之，这是一部将三星堆考古予以大众化、普及化的形象范本，是一部解析三星堆、寻梦三星堆的优秀读物，值得广大读者、特别是小读者们去认真阅读、细细玩味、尽情逐梦。

是为序。

目 录

楔子：三个四川娃子午后树下梦遇望帝
——布谷鸟 ·· 2

古蜀国文明从这儿开始——三星堆古城 ············ 3

● **第一章 叫醒三星堆** ································ 3
　　月亮湾玉石成名之路 ···························· 7
　　沉睡千年的三星堆古城长这样 ··············· 9

古蜀人的生活用品 ································ 12

● **第二章 新石器时代的祖宗们在用啥** ·········· 12
　　在三星堆文化形成之前，古蜀人生活在哪里？ ······· 13

大石璧的前世今生 ··· 14

新石器时代晚期的吃喝用具 ······································· 16

新石器时代晚期的陶镂空圈足器，后来变成…… ··············· 19

新石器时代，三星堆居民也爱美 ································· 20

● 第三章 夏商代日常好物分享 ································· 22

用来纪念鱼凫王的陶鸟头勺 ······································· 22

夏代"蓝领"教古蜀人做陶盉 ···································· 24

从三星堆走出去的陶小平底罐 ···································· 26

陶敛口圈足瓮和陶小平底盘 ······································· 28

陶三足炊里煮的是什么？ ·· 32

商代陶云雷纹壶和谁"撞衫"了？ ······························· 34

"大耳朵"陶双耳杯和"小耳朵"陶带耳罐 ···················· 37

古蜀人的餐盘，商代陶高柄豆 ···································· 38

商代三星堆古城中孩子们的小玩具 ······························· 40

玉圭的前世今生 ·· 43

紫铜书是三星堆最早的书吗？ ···································· 44

古蜀国有哪些造型简单、有趣的器物 ………………………… 46

古蜀人的祭祀礼器 ……………………………………… 48

● **第四章 三星堆 K1"盲盒"中的祭祀礼器** …………… 48

蜀王的金杖 ………………………………………………… 49

青铜跪坐人像，谁是颜值担当？ ………………………… 52

青铜龙虎尊 ………………………………………………… 54

虎虎生威之猛"铜虎"CP 萌"金箔虎" …………………… 56

给"青铜爬龙柱形器"找"亲戚" ………………………… 60

这些神兽和三星堆的"铜怪兽"都不只一条尾巴 ……… 62

三星堆的冷兵器：铜戈、铜鲇鱼、铜六角形器 ………… 64

三星堆的礼器玉戈、玉琮 ………………………………… 66

古蜀人的劳动工具：玉凿、玉斤、玉斧、石锛 ………… 71

三星堆祭祀坑中的玉石器 ………………………………… 72

三星堆金面具是给谁戴的？ ……………………………… 74

● **第五章 三星堆 K2 祭祀坑中的商中晚期祭祀礼器** ………… 76

　　没戴金面具的青铜人头像 ……………………………… 78
　　谁来了三星堆？ ………………………………………… 80
　　蚕丛族人的传说 ………………………………………… 82
　　青铜纵目人面像有点像千里眼、顺风耳合体 ………… 84
　　铜戴冠纵目面具的用途 ………………………………… 87
　　有点吓人的青铜兽面具 ………………………………… 88
　　大青铜人面具 …………………………………………… 89
　　奇怪的眼形器 …………………………………………… 90
　　青铜兽首冠人像的兽是什么兽？ ……………………… 92
　　小川小课堂：猜猜"鸟人"的身份 …………………… 94
　　小川小课堂：喇叭座顶尊跪坐人像 …………………… 96
　　三鸟三羊尊和它的"双胞胎兄弟" …………………… 98
　　青铜三牛尊和四羊首兽面纹罍 ………………………… 100
　　K2 祭祀坑的动物篇：青铜鸡是谁？ …………………… 102
　　K2 祭祀坑的动物篇：青铜鸟人脚像的另一半是谁？ … 104
　　K2 祭祀坑的动物篇：金箔鱼形饰 ……………………… 106

金箔璋形饰、金箔圆形饰和金叶 …………………………… 108

　　三星堆中的"扶桑神树"和"建木神树" ………………… 111

　　三星堆祭祀音乐会 ……………………………………………… 112

　　铜太阳形器之谜 ………………………………………………… 114

　　祭山图玉璋在讲什么故事？ …………………………………… 116

　　青铜大立人像，是望帝本尊吗？ ……………………………… 118

● 第六章 三星堆K3、K4祭祀坑中的宝藏 …………………… 120

　　千姿百态的人像 ………………………………………………… 121

　　三星堆K3祭祀坑的圆口方尊和青铜方尊 …………………… 122

　　古蜀人喝酒的家伙事儿 ………………………………………… 123

　　神树纹玉琮上神秘的树 ………………………………………… 126

　　三星堆K4祭祀坑中的灰烬在述说着 ………………………… 128

● 第七章 三星堆K5"黄金盲盒"与K6"玉盲盒" ………… 130

　　复原"半张金面具" …………………………………………… 131

三星堆的祭祀仪仗队 ·· 132

男子的斧形金器——钺 ·· 134

K6 祭祀坑是"玉盲盒"还是"丝绸盲盒"？ ················· 136

● **第八章 上新！K7、K8 祭祀坑中的宝藏** ················ 140

K7 祭祀坑中的"月光宝盒"和"三孔玉璧形器" ············ 140

K8 祭祀坑铜人和"机器狗" ······································· 143

顶尊跪坐人像和大型青铜立人神兽跨坑合体 ··············· 144

"四翼小神犬"是什么品种的犬？ ······························· 146

虎头龙身青铜像，是几种动物的合体？ ······················ 148

猪鼻龙，龙还要和猪攀亲戚吗？ ································ 153

握龙者戴鹿角帽立人像 ··· 154

后记 住在三星堆的古蜀人搬去了哪里? ············ 156

● 第九章 第一站金沙遗址 ················· 156

　　古蜀人为什么要去金沙? ················· 156

　　古蜀人心中的太阳和金乌 ················ 158

　　在十二桥的古蜀人养猪、放马、住别墅，他们在这儿建设了怎样的一座城市? ················· 160

● 第十章 第二站十二桥遗址 ················ 161

　　带望帝游三星堆博物馆 ················· 162

这三个小家伙儿是家住四川广汉市三星堆镇三星村的三个川娃子：

小川

博学多才，行走的百度百科

小蜀

从馋嘴小孩到爱上古蜀文明

小布谷

爱美、爱幻想、爱跟小蜀怼

楔 子

三个四川娃子午后树下梦遇望帝——布谷鸟

一个夏天的午后,小川、小蜀、小布谷坐在草地上侃大山,可能是中午吃多了犯困,他们三个不约而同地眼皮打架,都靠着大树睡着了!他们做了一个同样的梦:一个声音……

布谷,布谷,我是消失的望帝!谁能证明古蜀国文明没有失落,我就为谁赐福。

布谷鸟学名大杜鹃,相传是蜀王望帝的化身。望帝本是古蜀国第四个王朝——杜宇王朝的王。鳖灵被他从水中救起,反自立为古蜀国第五个王朝——开明王朝的王。而望帝只能年年催百姓春耕,直到跟古蜀国一起消失了!

古蜀国文明从这儿开始——三星堆古城

咱们从家乡三星村开始探索吧！这儿5000年前是古蜀国发源地！

哇！我好兴奋！

不能出去旅游和吃外地美食，有点遗憾！

第一章 叫醒三星堆

三星村之南，也是马牧河南岸，有三个圆形黄土堆，和天上三颗星对应，有了"三星"称号，又和地上的"月亮湾"相对，组成著名景点"三星伴月"。而三星堆古城早就埋在地下了。三星堆遗址证明了古蜀国的真实存在，古蜀国经历了五大氏族统治，其中有两个就是《蜀道难》中提到的"蚕丛""鱼凫"。

这是三星村的著名景点：三星伴月！

三个土堆 + 月亮湾 = 三星伴月。

和三星堆遥对着的是月亮湾，它两头尖尖，中间弯弯。

——— 200~300 米 ———

清嘉庆年间,"三星伴月"上了《汉州志》光荣榜,成了汉州八景之一。说句题外话,"汉州"指的是四川省广汉市,唐置,时辖雒、什邡、德阳、绵竹、金堂五县。

星级景区 上榜《汉州志》 汉州八景之一

哦~原来三星堆不是古蜀人起的名字呀!

三星堆周边分布着距今已有3000~5000年历史、总面积为1200公顷的古蜀国遗址群。遗址是以"三星堆"命名,叫"三星堆遗址",是长江文明之源。

传说天上的玉皇大帝把三颗星变成三把土,赏赐给三星村,三把土落到地上成了三个大土堆。三星堆是传说中的"落地星辰",是现实中古蜀先民用黄土砌的三个大祭坛。

这时传来布谷鸟的叫声，叫声消失，三星村变了模样：汽车、拖拉机换成了牛车、马车，田间的播种机、灌溉机换成了锄头、水舀子，人们换上了民国服饰。

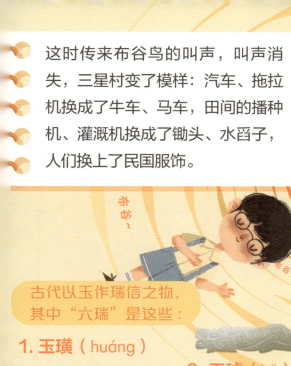

古代以玉作瑞信之物，其中"六瑞"是这些：

1. 玉璜（huáng）
古代巫师在祭拜天地时戴的弧形玉器。

2. 玉璋（zhāng）
出现于新石器时代晚期，扁平长方形，一头斜刃，另一头有穿孔，用于传达军事命令。

3. 玉琥（hǔ）
虎形玉器，有圆雕、浮雕、平面线刻的虎纹。

4. 玉璧
中央穿孔的扁圆形的玉器，是玉礼器中"六瑞"之首。

5. 玉琮（cóng）
新石器中晚期的内圆外方的筒型玉器，是祖先祭祀上天的礼器。

6. 玉圭（guī）
和玉璋相似，长方形，上尖下方，古代帝王诸侯用的玉制礼器。

燕道诚翻出的是一块口径一尺半的磨盘样白石环，石环底下还藏着400多件玉石器。有成品的玉圭、玉璋、玉琮、石斧、玉璧，还有半成品的璧、璋、钏、珠、斧、刀玉石。这些宝贝是人们找到三星堆古城的引子。

三人亲眼见证了月亮湾玉石器的出土和成名。可在兵荒马乱的年代，月亮湾发掘工作被打断了，连小川、小蜀、小布谷都陷入了战乱……

穿越回来的小川、小蜀、小布谷特别珍惜这次考察的结果，也特别珍惜现在幸福美好的生活。为了记录这次难忘的经历，他们把月亮湾玉石器成名路线图绘制出来了！

有个英国传教士董笃宜知道了月亮湾玉石器的事，在广汉驻军旅长陶宗伯的帮助下借到了五件，董笃宜找到华西协合大学（今为四川大学华西医学中心）地质学家戴谦和鉴定这些玉石器。鉴定结果轰动了古董圈，这坑玉石器被冠以"广汉玉器"大名。

月亮湾玉石成名之路

"广汉玉器"又遇伯乐——华西协合大学博物馆馆长葛维汉，是他最早提出挖掘广汉玉石器的。

1934年春，葛维汉发掘"广汉玉器"，这是四川近代考古史上第一次正式的科学考古发掘，从此，专家学者对三星堆非常关注。

直到20世纪八九十年代三星堆遗址才真正迎来大规模发掘。

沉睡千年的三星堆古城长这样

我找不到北啦!

三星堆和金字塔、百慕大、空中花园都在神秘的北纬30度,一个能让指南针失灵的神秘纬度。

穿越回来的小川、小蜀、小布谷按照导游姐姐的讲解把三星堆古城全貌画了出来。他们把三星堆古城画成古蜀国大都市。外有西城墙、东城墙、南城墙、鸭子河包围的防御体系,内有古蜀先民的中心生活区,他们在这儿祭祀、生活、劳动,用智慧创造了无数脑洞神器。这就是重见天日的三星堆向世人展现的南方古蜀国顶级大都市的风采。

我最喜欢给认真听讲的孩子讲故事啦!

东城墙

▲ K2祭祀坑

1000米

中华人民共和国成立后,K1、K2祭祀坑和整个三星堆古城被考古队挖呀挖呀,挖出来啦!因里面有无数未知的三星堆文物,被人们戏称为"三星堆盲盒"。

鸭子河是北面的天然屏障,河道又与城墙构成防御体系。也有人推测:原本青关山城墙、真武宫城墙构成的北城墙被鸭子河冲垮了。

鸭子河

青关山建筑

▼ K1 祭祀坑

三星堆古城防御体系和中原一样:城郭内有城墙,城内有很多河道。

西城墙

挖呀挖呀,挖壕沟!

▼ K2 祭祀坑

1000米

南城墙

底部墙基宽 40~45 米,顶部宽 15~20 米,高 2.4~6 米

古蜀人的生活用品

第二章 新石器时代的祖宗们在用啥

4000~4800年前,最早的三星堆文化在现在的月亮湾城墙下房屋遗址和仁胜村墓地开始孕育,考古界称为"三星堆一期"。这个时期的古蜀还没有"王"的统治,只有氏族部落,相当于中原地区的新石器时代到龙山文化时代,那时的古蜀人生活原始但不闭塞。

> 这是搬来的北方人教我做的彩陶纹。

> 这是我和黄河下游的人学做的黑陶器。

> 如果古蜀人也玩盲盒,他们会在盲盒里放陶狗、陶猪、陶猫头鹰、陶鸟。

> 还有古蜀的美食!

> 小蜀,你真是三句不离吃。

> 我们都是平底的。

> 古蜀国这么强大,我们一定要帮望帝探索失落的文明。

侈口深腹缸

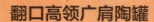

翻口高领广肩陶罐　　镂空圈足豆

他们心灵手巧,会制作很多夹砂褐陶器和泥质灰陶器。到了龙山文化时代,他们还想方设法和黄河中下游的人们交流制陶经验。

在三星堆文化形成之前，古蜀人生活在哪里？

① 宝墩古城遗址（今四川省成都市新津区宝墩镇）

面积近 300 万平方米

宽 600 米

② 芒城遗址（今四川省成都市都江堰区南郊青城山镇芒城村）

间距 20 米
长 300 米
宽 240 米

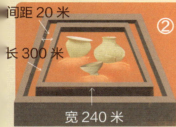

这时的原始古蜀人走出大山，走下青城山，修建了这座两圈城垣的奇特古城。他们在这里开始制造灰黄陶器和夹砂褐陶器。

③ 鱼凫城遗址（今四川省成都市温江区城北万春镇鱼凫村）

这时原始古蜀人距离兴建三星堆古城更近了一步。他们已经向成都平原的腹心地带迁移。

为观看祭祀用斜坡堆筑法筑城墙

④ 郫县古城遗址（今四川省成都市郫都区三道堰镇古城村）

这是木骨泥墙制的房子
面积 30 万平方米
长 637 米
宽 487 米

这是原始古蜀人修建的另一个腹心地带古城。他们还建了供酋长住的大房子，标志着古蜀人酋邦制形成。

⑤ 崇州双河古城遗址（今四川省崇州市北面和都江堰交界的上元乡双河村）

从五个古城可看出原始古蜀人先进入成都平原建了宝墩古城和芒城。可能因为洪水冲塌了古城，他们又在腹心地带建了鱼凫城和郫县古城。

总面积 10 万平方米

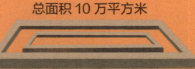

大石璧的前世今生

华夏先民很早就开始使用玉石器了,在新石器时代已经迎来了第一个玉石器时代高峰。当时,各地的玉石器各有各的特色,制作技法和用途又相互影响。

交易砝码　　　　彰显身份

"族人们为我磨制的大石璧,有范儿!"

玉石,象征"平等""和谐",在五帝尧时就有了"同律度量衡"之说,所以玉石器从新石器时代晚期开始作为衡量砝码。爱与外界交往的古蜀人应该也是从那时起用石璧作"货币"用。但为什么它没有任何记录交易的痕迹?也许它是……

祭祀占卜

祭祀一定在三星堆的历史中源远流长。石璧上没有任何划痕,很可能是为了把完美无瑕的石璧献给上天。

"抬不动呀!"

三星堆出土的大石璧应该和华夏玉石器一样，有祭祀、彰显身份、交易砝码、占卜的用途，只是它上面没有象形符号。

后来大石璧随三星堆古城一起睡在土下，直到和燕道诚结缘。他的小孙子在大石璧上刻下了自己的名字"燕三泰"，让大石璧留下了穿越古今的痕迹。

酋长、商人、大祭司都是大石璧生命中的过客，最终居然和燕道诚一家最有缘。不但得了燕道诚孙子的亲笔签名，还被燕道诚儿子送去了三星堆博物馆，从此过上了受人瞩目的晚年生活。

直径70厘米，厚7厘米

看！那是月亮湾最早出土的大石璧！

我们去寻找一下与吃吃喝喝有关的文化吧！

望帝是想让我们把三星堆文化发展的点点滴滴都记录下来！

新石器时代晚期的吃喝用具

从旧石器时代起,陶器就是盛一日三餐(那时通常一天吃不上三顿饭)的器具。到了新石器时代晚期,"三星堆陶器家族"有陶喇叭口大翻领罐、陶圈足盘、陶镂空圈足器等。

有经过刮削、打磨塑造粗陶纹饰的;

还有用高超粘贴工艺完成陶器纹饰塑造的;

还有用压印、刻划、戳刺、镂空、线雕工艺制作纹饰的。

什么好吃的都没有!

轻点,小淘气!到 21 世纪我就是陶器祖宗!

它是上古时期先民用来盛放食物的器具。龙山文化、仰韶文化、跨湖桥文化、石峡文化、大溪文化都有陶圈足盘出土,陶圈足盘真是深受新石器时代各地先民喜爱。

小客官上眼瞧瞧品相:平底、浅盘、敞口、窄沿,造型纤秀、玲珑小巧。

我怕硌牙!

我再小,到了21世纪也有4000多岁!

上古人吃饭也很讲究,遇到有贵客出席时,会把一块玉璧放在陶圈足盘上,以表示尊敬。

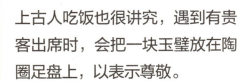

就这小盘能装几颗野果?

装红酒就神气啦!

陶圈足盘档案
年代:公元前2500—前1600年
重出江湖:1997年仁胜村出土

高脚杯的历史不好追踪,但新石器时代确实有比陶圈足盘更像高脚杯的,比如龙山文化黑陶高足杯。

陶器用"脚"来传递重要讯息,包括"出生年代""家族背景""烧制方法"等,"足"对陶器很重要哒!

"圈足"是"碗底儿"吗?

"碗底儿"是实心的圆底儿。"圈足"是圆、椭圆、方形中空的底儿。"圈足"的外形看上去像个八字,所以也叫"圈足外撇"。

我替小川来科普成语"举足轻重"和陶器的关系。

你说的和你的长相一样,不全面!

和这个看脸的时代不同,看我们要看脚!

我们属于圈足器家族的哪一家?

我们圈足器家族,每家"圈足"长得都不一样:大盘、大罐配大而浅的圈足,瓶配中圈足,小盘、小碗配小而深的圈足。我就是新石器时代小盘深圈足器家族的成员!

陶镂空圈足器是怎么出现的?

原始人一不小心把黏土掉进火里烧硬了。这是烧制打水用的尖底罐的方法。可尖底放地上不稳当,他们又发明了平底圈足器。圈足上的镂空可能是削制时意外留下的。

新石器时代晚期的陶镂空圈足器，后来变成……

三星堆的陶镂空圈足器，有最优良的黄河流域下游龙山文化陶器血统，精美的外形是在1000℃高温下烧制成的，不渗水，不会裂。

殷商晚期，三星堆的古蜀匠人烧制的镂空圈足器，已经超过中原的圈足器了。他们改良了镂空，把它变成了器皿上小巧的对称装饰。

到了周朝，铜器越来越多，匠人们开始用铜仿制陶镂空圈足器。很多圈足器上没有了镂空，因为镂空不重要了。

圈足器做法被马背上的民族——蒙古族学去了，摇身一变，成了大碗小圈足。咦！以前的圈足器不是大碗配大圈足吗？这样大碗放桌儿上才不会头重脚轻！但蒙古族人要抓着碗底吃饭，只有小圈足才方便这样做。

清朝圈足器可比元朝圈足器讲究多了，线条硬朗，形状圆润，瓷圈足也滴溜溜的圆，和底儿连成一个滑坡，非常接近现代器皿了。

19

新石器时代，三星堆居民也爱美

上古时，原始人把不同于普通石头的美丽石块打磨成玉料。

距今约3万年的北京山顶洞人就戴上了私人订制的穿孔砾石和石珠。

8200年前，在内蒙古兴隆洼文化遗址出现了人类最早的玉石耳环——白玉玦。

5000年前，黄河、长江流域的居民加工玉石手艺顶呱呱！住长江下游太湖边的良渚人打磨的玉锥形器风靡了黄河、长江流域所有部落。可能是哪位良渚的匠人，把"良渚玉锥形器工坊"开到了三星堆仁胜村，让那里成了成都平原最早进入玉石器时代的地区之一。在三星堆的"玉器工坊"做出了各种奇形怪状的玉石器……

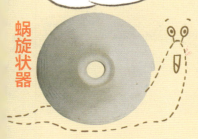

"我是青白色蛇纹蜗牛形玉石。可能是工匠看蜗牛时刻出的我!"

蜗旋状器

玉泡形器

一面平,一面凸起像个小草帽。

"最有名的还是我!"

玉锥形器档案

重出江湖:四川省广汉市三星堆遗址仁胜村5号墓

质地:白色蛇纹石

外貌:头尖,身圆,呈锥形,全身光滑

玉矛

这种窄柳叶、宽柳叶形的玉器,很像迷你武器,其实是在礼仪活动上送给上天的礼物。

玉斧

三星堆的玉斧造型非常丰富,有长条形、长方形、梯形,还有圆弧形的。斧头上还做了刀刃。这种可能就是最早的创意摆件吧!

"请把神的旨意传达给我!"

"这就是我的权杖!"

做医疗器具

玉锥形器很像一柄粗石针,用它按压穴位,按摩功效一定不差!

做祭祀法器

做权力象征

只有部落大酋长才能拥有这光滑、修长的美玉。

用来纪念鱼凫王的陶鸟头勺

第三章 夏商代日常好物分享

生活在三星堆的古蜀人活得虽没有现代人精致,但吃的喝的也排在当时社会水平前列,还有很多文创餐具用。其中数量最多的餐具就是陶鸟头勺了,光出土的就有几百把。它是鱼凫王朝时期被设计出来,大概古蜀人觉得用它来喝汤吃饭,味道特别好吧。

陶鸟头勺还能舀出什么食物?

古蜀人很早就吃上了大米、小米和豆类。三星堆祭祀坑中就有烧过的稻叶和小米。在那时小米还是从甘肃、青海来的"进口"食物。

当时的古蜀人应该是用竹子烧火做饭,因为在祭祀坑中发现的炭灰中竹子成分最多。

你是想说吃水不忘挖井人吧？哦，你那时还不知道这句话呢！

我们是吃鱼不忘捕鱼人！

鱼凫王朝的图腾是鱼鹰，鱼凫王又像鱼鹰似的特会捕鱼，百姓跟着他不但有鱼汤喝，还有鱼肉吃。为了纪念让他们喝汤吃肉的鱼凫王，就把勺把做成粗壮有力的鹰头。只在吃饭时用陶鸟头勺表达对鱼凫王的敬意还不够，祭祀献酒时也用它从陶盉（hé）中舀酒。

可惜的是三星堆出土的陶鸟头勺非常难保存，大多仅存勺把。从出土的半只陶鸟头勺中，还是能看出古蜀人把"火"运用得炉火纯青。我们来还原一下古蜀人制作陶鸟头勺的场景：

② 一把好勺从垒一座好窑开始：三星堆有当时最先进的竖穴窑，火焰沿倾斜火道进入窑室，这样窑室里的陶器受热比较均匀。

① 最早做的陶鸟头勺是捏的。先把泥土搓成条，再捏成鸟头形的把，最后用手抹光滑。

③ 垒好了窑，就开始选土了。制作三星堆陶鸟头勺用的土细软，容易粘黏。里面还掺了细砂、石灰和稻草末。这样泥土在窑里受热变干就不容易开裂了。

夏代「蓝领」教古蜀人做陶盉

他们为什么要把做陶盉的手艺传到三星堆呢?

- 猜测1：会做陶盉的蓝领夏人用这个手艺去换取海贝。
- 证据：在二里头文化遗址墓穴里发现大量海贝。

> 希望在这儿过上平安的生活！

> 还不是为了碎银几两！

- 猜测2：在夏代晚期有些夏人为了躲避战乱来到三星堆。
- 证据：在二里头文化遗址有主体建筑损毁、新建筑建立的痕迹。

- 猜测3：夏代的制陶蓝领是被三星堆的高薪吸引来的。
- 证据：夏代时，三星堆的开放包容吸引来了不少外地人。

> 听说那儿有人才引进政策。

三星堆出土的绿松石铜牌和部分牙璋也和二里头遗址出土的类似。不过三星堆出土的铜牌上绿松石脱落了不少。

陶盉来到三星堆后成为温酒器，延续了在二里头时祭祀和贵族饮酒的使用传统，外形延续了瘦高挑、三条腿、有管状短流、顶有半圆口、单手柄掐腰造型。

这是二里头夏人在举行祭奠神灵仪式礼时用的酒壶，是当时的高端器皿，只有大祭司和贵族才可以用。

中原河南二里头的夏人使用的经典器物陶盉，怎么会传到了三星堆？

《华阳国志》中写着"'今之斜谷也。'及武王伐纣，蜀亦从行。"蜀王协助武王伐纣走的斜谷道应该早就有了。它是渭水支流斜水河谷与汉水支流褒水河谷之间的通路。二里头的夏人应该就是走了这条地势险峻的快速路到达的三星堆。

陶盉的发现把蜀国酒文化推进到了夏代。在夏代时三星堆的农业就比较发达了，还有剩余的粮食用来酿酒，其中有种有名的酒叫"醴酒"。

猜测4：传说上古时期，黄帝与蜀山氏联姻，三星堆与夏文化是同源的关系，有个撞脸器物不足为奇。

三星堆贵族墓穴中出土的一套完整的饮酒器皿，陶盉在中间，四周有21件平底盘、豆、罐等食器。这说明什么？说明当时的古蜀贵族吃饭很讲排场。

从三星堆走出去的陶小平底罐

张老三，我问你，你的家乡在哪里？

我的家在蜀中，后来又离家400里。

这是用机械陶轮快速旋转得到的优美弧线，那时三星堆的蓝领陶器匠人已经用上了陶轮。

← 短唇
← 束颈
← 转角圆折肩
← 鼓腹
← 下腹急促内收
← 小平底

陶小平底罐档案
年代：夏代（公元前2000—前1600年）
重出江湖：1986年三星堆第三发掘区出土

从中原的夏朝到商朝末年，古蜀人一直都根据自己的喜好变化改造小平底罐的外形。所以每个时期的小平底罐外形和种类都有些不同，直到发展成尖底罐。小平底罐是古蜀人生活中主要的炊器和容器。知道为什么古蜀人早在夏代时就有酒喝了吗？因为他们有用小平底罐装粮食的储存技术！

我帮望帝找到了流传在外的三星堆文化标志——小平底罐。

布谷，布谷~

三星堆蓝领陶器匠人带着小平底罐走向了哪些地域？

1. 小平底罐从三星堆出发。

2　3　4　5　6　7

4. 距三星堆几十公里，地势平坦，方便迁徙。

8. 金沙遗址早期出土的小平底罐和三星堆的一样。晚期小平底罐变少，取而代之的是小尖底罐。

12　11　10　9

距三星堆40公里。

13. 小平底罐到了十二桥，也成了那里的代表性器物。

14　15　16　17　18　19

距三星堆400公里。

20

25　24　23　22

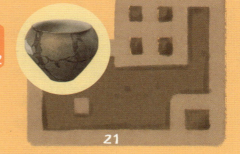

21.

26. 三星堆文化传播到长江三峡的重庆瞿塘峡地区。这里有20多处与三星堆遗址类似的古遗址群。

距离三星堆400公里的重庆梧桐土遗址，出土大量的玉石器和陶器，其中就有小平底罐。

陶敛口圈足瓮和陶小平底盘

哎，可惜，古蜀国还有很多宝贝不能流传于世……

望帝你别叹气，敛口圈足瓮和陶小平底盘已流传出去了，还有很多……

十二桥遗址也有和三星堆类似的陶敛口圈足瓮和陶小平底盘。十二桥文化把三星堆夏代时期的很多陶器日用品形制都继承下来。下面就介绍这两件没有被历史的车轮压过去的宝贝。

陶敛口圈足瓮

陶敛口圈足瓮有三处突出表现了古蜀鱼凫国生活用具的特点：① 夹砂陶 ② 敛口 ③ 圈足。

敛口，收口的意思

我大腹便便，雍容华贵，其实腹中尽是粮食美酒。

河南平顶山古墓葬中，有镂花装饰的陶圈足盘和平底盘，大都是夏代的盛食器。这种圈足瓮是盛食器的可能性更大。

陶小平底盘原本色泽也挺匀称,但是在土底下睡的时间久了,骨头睡酥了,出土时盘面碎成了十几块,考古人员用石膏把它作了修复。这上面的白色就是石膏。

我是搭配在陶盉身边的盛食器,盛贵族的开胃小零食,如豆子和坚果。

你看我像飞盘还是飞碟?其实都不对。我是盘子的祖先!

小平底也是鱼凫国生活用器皿的一大标志。

工匠们希望自己的杰作传世，用的双排柱木骨支撑墙体，插木骨的基槽里填充红烧土碎块和鹅卵石，木骨就不会腐蚀了。为了建造出区别于商王的宫殿，工匠们没在建筑外搭建回廊。

上层空间宽敞明亮，适合举行活动。

一楼是木骨夯土墙，没有窗户，不透光，不能住人，只能储物。商代的宫廷建筑分为庙、朝、寝三种，这种无分隔建筑只能作为蜀王的朝堂来使用。

上层建筑长约50米，宽约12米

宽约14.3~14.5米（外缘跨度）

殿内从东到西，有蜀王专走的细黄土垫土带

好好干，蜀王不差钱儿！

有大订单？

陶三足炊里煮的是什么？

- 这家伙长得忒有个性，造型稀罕，体形硕大，一出土就引起人们无限遐想！
- 陶三足炊猜想两大阵营——
- 正儿八经猜想阵营：蒸煮炊器。
- 不正经猜想阵营：蜀地原始泡菜坛、蜀地原始火锅。

想我现身没这么容易

这是商代三星堆人用来烧水煮饭用的陶三足炊。

盘径 38.5 厘米
口径 19.7 厘米
高 44 厘米

望帝，要不要来吃点儿！

不正经猜想证据：

三足炊和火锅太像啦！分上下两部分：上半部盘面大圈套小圈，像涮锅；下半部三条胖胖的腿像锅架。说不定四川人爱吃火锅从商朝就开始了呢！三足炊器上半部分又神似四川泡菜坛子。古时候没冰箱，想储存菜只能靠腌，是泡菜坛子蛮有依据。

陶三足炊器——席地而坐的炖煮器具

陶三足炊里煮的是什么？

【蜀地四宝粥】商代古蜀人把自己耕种的稻谷、豆、高粱和粟混杂一起煮粥。

【皮蛋瘦肉粥】或许还把饲养的鸡鸭牛羊、捕的鱼，加进去做肉羹。再加个鸡蛋就成了"皮蛋瘦肉粥"啦！再加上栗子、榛子、桃、杏、山楂，真是锦上添花。

【四全大补汤】炖一锅鲜笋、蘑菇、韭菜、山药汤，滋补滋补。

【烤栗子、叫花鸡】炊下火中烤栗子和糊泥烤野鸡、斑鸠。

这是古蜀人用的火锅吧！

这些猜想有十足的证据：

这三条胖腿叫"袋状足"，是空心的，里面能注水。在足下点上火，就成了烧水煮饭的小锅。在没有灶台的三星堆，"陶三足炊"或许就是"整体厨房"。

商代陶云雷纹壶和谁"撞衫"了？

眼前这件云雷纹壶，虽然长相和三足炊比起来太一般，但它通身的纹路是著名的"云雷纹"！早在新石器时代晚期，"云雷纹"就诞生啦！今天，我们就抛开它的外形、用途不谈，专侃它这一身"云雷纹"！云纹是连续的圆形卷云纹，雷纹是方形纹，云雷纹是这两者的结合。

古蜀设计师精心打造的云雷纹饰。

> 我身上的云雷纹是从旋涡中诞生哒！

湖北省博物馆藏云雷纹陶壶

北流云雷纹大铜鼓

> 可惜啊，可惜！云雷纹到了汉代慢慢消失了！

在三星堆祭祀区的7号祭祀坑出土了一叠薄如叶的青铜器，上面的黑色花纹就是和陶云雷纹壶一样的云雷纹，现在还清晰可见。

云雷纹诞生三大猜想之一：

云雷纹很可能是从旋涡纹中发展出来的。到了商代、周代，云雷纹成了陶器、青铜器的主流纹饰。商代的白陶器、西周的印纹硬陶，甚至铜鼓"穿的衣服"，都和三星堆陶云雷纹壶"撞衫"了。

这种器物的"流行穿搭"居然和希腊"回字纹"撞衫了！

> 我身上的回字纹，形如河道曲流，象征生命循环往复。

商白陶刻纹豆　　西周印纹硬陶　　希腊回字纹花瓶

云雷纹诞生三大猜想之二：

有人说云雷纹是从蛇纹演变而来的，因为孕育生命的女娲是人首蛇身，云雷纹也是女娲身体的纹路，象征生命往复。

云雷纹诞生三大猜想之三：

古蜀人喜欢给陶壶印上云雷纹是对自然的崇拜。他们观察天上云卷云舒创造出了"云雷纹"。

> 会造人，也会做壶！

耳杯

这是耳杯,它还有个好听的名字叫羽觞(shāng)。"羽"是翅膀,"觞"是盛酒器,"羽觞"是长翅膀的酒杯。翅膀也是酒杯的大耳朵。

大小形状一样的缺口,铁齿铜牙也磕不出这种效果。

陶双耳杯"真容"是商代三星堆匠人和现代大国工匠隔空合作的成果。不过"陶双耳杯"的耳朵为什么比杯身白?难道是要突出它耳朵大?

有人说它是文艺古蜀人的手宠"挂耳茶杯",这两个豁口是用来挂茶叶包的。

我没这么想!

地下"睡"久了,耳朵"受伤"了!

是我用石膏把它修复成这样的!

"大耳朵"陶双耳杯和"小耳朵"陶带耳罐

别想趁我喝酒吃光好菜！

陶带耳罐的肚儿大，盛吃的、喝的都行，盛得最多的还是酒。这里面装的是蜀地名酒"醴酒""巴乡清"，闻闻就醉！

- "陶双耳杯"上的俩缺口是怎么回事？
- 怕喝酒时杯沿挡视线，故意挖出两个半圆。

我有点晕！

我的耳朵才不是摆设！是古蜀人对美的追求。

陶带耳罐的小耳朵不是在一次次生产进化中产生的，而是从新石器时代开始就装上这副"小耳朵"了。看来这种设计很符合当时的审美。

古蜀人的餐盘，商代陶高柄豆

后人没有忘记高柄豆，起码在战国中期还制作过一只高17.5厘米的竹节状高柄豆。

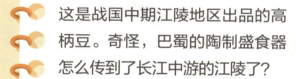

这是战国中期江陵地区出品的高柄豆。奇怪，巴蜀的陶制盛食器怎么传到了长江中游的江陵了？

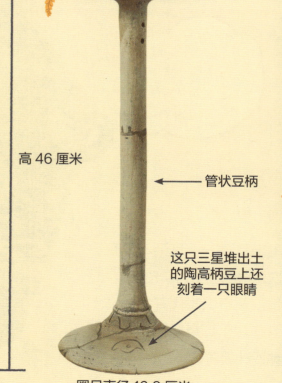

豆盘直径17.98厘米

豆盘

高46厘米

管状豆柄

这只三星堆出土的陶高柄豆上还刻着一只眼睛

圈足直径16.8厘米

可惜啊,可……这好东西后……人都不用了!

望帝化身的布谷鸟口中叹息的"好东西",就是这"高柄豆"。它是古蜀国和长江三峡地区流行的陶制盛食器。"陶高柄豆"和"陶鸟头勺"并称为古蜀文化标志性器物。

像高脚杯的高柄豆为什么不叫"高柄盘""高柄杯"?

长得高,了不起吗?

又不能像我们一样出现在祭天仪式上。

我们帮你找古蜀文明,你就请我们吃这个!

豆的甲骨文很像古蜀人用的这个餐具吧!所以它叫"高柄豆"。

陶高柄豆,为什么这么高?

我们要是在餐桌上摆个四五十厘米高的高柄豆,夹菜就成了"探盲盒"。但席地而坐的古蜀人,在高柄豆中夹菜很容易。小朋友们记住哦,不管形状多古怪的器物,都是符合当时人们的生活习惯才被创造出来的!

商代三星堆古城中孩子们的小玩具

从三星堆发掘的陶人、陶鸟、陶猪、陶狗、陶双面鸟头钮,可看出商代三星堆古蜀人很会玩儿!

古蜀人崇拜鸟。他们造了祭祀用的鸟头勺、玩儿的陶鸟、器物盖钮上的双面神鸟。其他地方也有鸟形器:西安半坡博物馆藏鸟形戳印纹陶钮、镇江博物馆藏春秋青釉原始瓷鸟饰带盖罐、南宋青釉刻花卉纹鸟形钮盖罐。

三星堆博物馆中青铜色的虎牙,被人误认为是青铜造的,其实它是和青铜待久了,"近青铜者绿"。

吃完饭逛逛街,没准儿有新发现。

去三星堆手工作坊找找。

这是我的战利品,拜托您打磨打磨。

放心好了!

陶人档案
年代：商代（公元前 1300—前 1100 年）
重出江湖：1999 年月亮湾出土

那时有高鼻梁、面带微笑的陶人真稀罕！高鼻梁人可能是三星堆最早的西方移民，他学了陶艺，开了手工作坊，捏了自己的肖像。出土后和"断臂维纳斯"有一拼。

陶狗头

狗是人类最早驯化的牲畜，帮人看家护院，也充当孩子的童年玩伴。这脖子自然弯曲的陶狗头，制作生动形象，像是在"讨好"小主人。

猪猪我"出道即顶流"！

陶猪

陶猪一出土便成了全网"通缉"的"反派绿猪"。这歪嘴呆萌的形象古今男女老少通吃。就不知道匠人是怎么想到做一头会笑的猪呢？！

还记得吗？玉圭是六瑞之一，是帝王传达命令的见证信物，也是君王和诸侯祭祀用的礼器。

> 这些小玩意儿估计望帝看不上！
>
> 望帝要玉圭！玉圭！
>
> 望帝要私人订制的陶布谷鸟！

三星堆玉石工匠怎么把璞玉改造成玉圭的？

玉石切割三大法：片切割、线切割、砣切割。

线切法难度有多大？

没有电动机械工具很难完成。

我们的身份非常尊贵。只有君王才有权把"玉圭"赏赐给诸侯！

> 我是平头玉圭。

> 我是尖头玉圭。到周代我完全取代了平头玉圭。

君王能看谁顺眼就发给谁"玉圭"吗？

不能！从商代起，君王按照诸侯的地位，发给他们不同形制、规格、大小的"玉圭"。诸侯手中的"玉圭"代表他的权力和地位。玉圭就是诸侯的领主体验卡。

玉圭的前世今生

玉圭第1世：新石器时代的石斧。用来劈柴、砍野兽，后来变身成"玉圭"。

玉圭第2世：用于祭祀，商代玉圭变成王权的象征。

珍圭：天子召守臣回朝的信物。

琬圭：持有者行使嘉奖的信物。

琰（yǎn）圭：持有者行使处罚的信物。

躬圭：圆顶圆肩，形似躬身的小人，伯爵朝见君王的信物。

玉圭第3世：周代朝堂上的礼器。到了战国时期，诸侯上朝人手一玉圭，表明自己的身份。

玉圭第4世：宋代至清代的仿制玉圭，是为了彰显王孙贵族的身份。乾隆就曾赐给泰山岱庙一件温凉玉圭。

紫铜书是三星堆最早的书吗？

大家找到了玉圭，可望帝还是没出现！

三星堆出土了一些长方形叠片状紫铜，可能是铜片文书。用铜片做书真是古蜀人的奇思妙想！是考古界的重大发现！

三星堆紫铜书的三大优点：
① 制作简单：把铜锤成铜片做成书页。
② 好书写：铜片上面比较容易刻文字。
③ 易保存：铜书不容易损坏。

古蜀国真的有文字吗？

考古专家在巴蜀发现了既抽象又没有明显规律的"巴蜀图符"或"巴蜀图语"。

有学者研究统计，现在"巴蜀图语"有270多种。这些"巴蜀图语"又组成1100多种组合形式。

> 哪有这么简单的文字呢？会不会是象征身份的符号？它们的寓意到底是什么？

"巴蜀图语"有源头吗？源头会是中国最早的文字——山东大汶口的陶文吗？

大汶口的陶文中"火""旦""太阳"和"巴蜀图语"一点都不一样。

源头会是良渚文化玉琮上的玉文吗？

良渚文化早于三星堆文化，它们玉琮上的符号造型很简单。

古蜀国有哪些造型简单、有趣的器物

K3 祭祀坑 青铜爬龙器盖

青铜爬龙器盖出土就残了！但也没影响这条爬龙倒俯在器盖上，前爪紧紧扣在器盖口沿上，栩栩如生的形象。

这条爬龙可能是从天上飞下刚刚降落在器盖上歇歇脚。

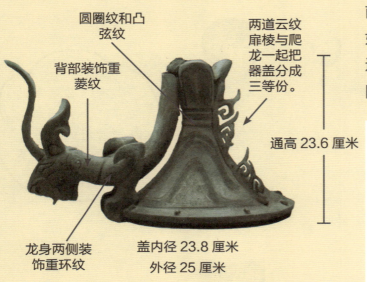

- 圆圈纹和凸弦纹
- 背部装饰重菱纹
- 两道云纹扉棱与爬龙一起把器盖分成三等份。
- 通高 23.6 厘米
- 龙身两侧装饰重环纹
- 盖内径 23.8 厘米
- 外径 25 厘米

龙会叫吗？

东汉擅长古文经学的马融在《长笛赋》中写道"有龙鸣水中不见己，截竹吹之声相似"。《宋史》中记载龙"声如牛鸣"。清初文人王晫在《龙经》中也提到龙叫像吹竹筒，龙吟像敲金钵。

古蜀国匠人们不止创造龙、鸟、鱼形象器物，他们还造蛇形器物。

K2 祭祀坑 青铜蛇

青铜蛇是一条写实大铜蛇，为了祭祀"献身"，被人砸成了几段埋葬了。直到1986年才被挖掘出来拼接成一条要腾云驾雾的大蛇。

青铜龙首

这个青铜龙首雕刻得真细致,龙牙都看得清楚。

青铜神树枝

这是一枝顶着青铜鸟头的青铜神树枝,是青铜神树的残枝。

> 三星堆很多青铜残件在AI技术的"帮助"下,在数字大屏幕"星空"背景下聚拢、拼对、重新组合成完整的器物。
> AI是人工智能的英文缩写,包括机器人、语言识别、图像识别、自然语言处理、计算机视觉等的广泛学科内容。

K7 祭祀坑 铜顶璋龙形饰

蜀王的金杖

金杖档案
年代：公元前 4000—前 3600 年
重出江湖：1986 年 7 月
出土地点：K1 祭祀坑
重量：463 克

蜀王权杖是中国同时期体积最大的金器，在木杖上包裹了用金条锤成的金皮。

杖身纹路象征古蜀是以"鸟""鱼"为图腾的氏族，意味着古蜀王的权力上达"天"，下入"海"。

什么人？

除了蜀王会使用金杖外，还有很多地方的人会使用权杖或杖。

灵寿木杖

《山海经.海内经》中记载过一种名叫"灵寿木"的树。原文是"灵寿,木名也,似竹,有枝节。"《汉书·孔光传》中也记载过这种像竹子一样有枝节的灵寿木，还说它长不过八九尺，周长三四寸，不用削治就能做成木杖。原文是这样说的"木似竹，有枝节，长不过八九尺，围三四寸，自然有合杖制，不须削治也。"

欧洲的"权杖"

在欧洲的旧石器时代晚期马格德林人的洞穴艺术中，就有用骨头或象牙雕刻的"权杖"。

良渚文化中的杖

江浙一带的良渚文化大墓中，有长68厘米的完整玉杖出土。良渚文化中还有一件玉钺权杖。

鸠杖

《汉书·礼仪志》中记载,汉明帝主持寿星宴会,给参会的古稀老人都赏赐了一柄鸠杖。

东巴法杖

云南美术出版社出版的《东巴文化艺术》一书中有纳西族刻着神像、佛像、神兽、花卉图案的法杖照片。

青铜跪坐人像，谁是颜值担当？

> 我们可是蜀王忠诚的祭祀人员！

> 可惜我丰神如玉的青铜头啊！

古代祭祀有讲究！

《周礼》有云："以玉作六器，以礼天地四方。以苍璧礼天，以黄琮礼地，以青圭礼东方，以赤璋礼南方，以白琥礼西方，以玄璜礼北方。"

高鼻阔口

短粗脖子

从这件青铜跪坐人像的手形看，他手中拿的可能是玉琮。玉琮是祭祀专用的礼器。

这件青铜人像从K2祭祀坑出来就残了。他手里拿的不是大刀片，是叉口刃玉牙璋，后面还会讲到它。

大脸盘子
大耳朵

粗眉大眼

坐如钟
古蜀国大众脸

就我长得不一样，好自卑！

高 13.3 厘米

这种青铜人像姿势标新立异，侧身单腿跪也，穿对襟塑身衣，系围裙。

高 12.4 厘米

这样的双膝正面跪坐人像，在K2祭祀坑中有俩，估计是标准的祭祀姿势。

高 14.6 厘米

这件青铜跪坐人像识别度还挺高的。只见他的头发从前向后梳，再向前卷，上身穿右衽交领长袖短衣，系两周腰带，下身穿"犊鼻裤"，目视前方，张口露牙，神情严肃。

53

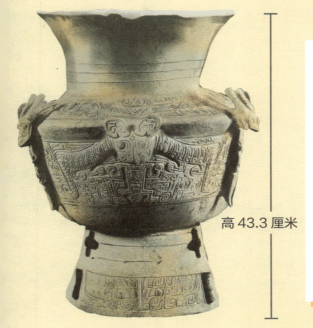

肩径 32 厘米

高 43.3 厘米

青铜龙虎尊

肩、腹部是青铜龙虎尊的精华。看！浮雕游龙"铸"在"尊"的肩膀上，"虎"成了主角，煞有介事地趴在"尊"的"肚子"上。这头虎正在练什么功夫？是分身术吗？尊"肚子"上的虎只有一个头，左右两边延伸出两个身体。这是什么"怪物"？哦！原来这是两只虎！古蜀人为什么要这样"铸"虎？往下找答案！

瞧！有人头顶虎颈、手托虎身、两腿下蹲、屁股挨脚跟，他在做什么？夏、商、周时"虎"就和"天威""王权"有着密切的关系。祭祀中人们也常用虎纹表示人对天的敬畏。三星堆的虎纹比中原的虎纹更有想象力，那时可能还有舞虎表演。

四川虎多，呆萌的大熊猫是怎么从虎口逃生的？

大熊猫"隐居"在海拔3000~4000米高的山脉。而老虎是平原霸主。它俩压根没生活在一个区域，几乎不可能遇到。

我们没生活在一个区域。

我和熊猫没见过！

金箔虎

铜虎

为什么古蜀人做虎栩栩如生？

"虎"和"龙"都是他们崇拜的图腾，虎是真实存在的，更方便观察。一来二去，他们就对虎的习性、神态了解得清清楚楚，做出来的虎更是栩栩如生。这个"金箔虎"比"铜虎"小一号，它上翘的头、打卷儿的尾巴、弯弯的腰好可爱。

这是古蜀人给华南虎做的"铜肖像"——威风凛凛、张口露齿、怒目前视。它前后脚各有一个圆孔，可能是个铜虎挂件。

三星堆"虎"主题祭祀品中,有一件叫"虎形器"!它的造型是只镂空虎。虎身长11.4厘米,昂首竖尾,瞪眼咧嘴,四只脚站在一个直径7.8厘米圆圈形底座上,形象凶猛威风。

"虎形器"表现出虎的哪些特点呢?

"虎形器"中空的滚圆形是虎膘肥体壮的身子。

尖圆大耳倒不是虎的特征,凡猫科动物都有。

瞪什么!

是在笑我肥吗!

我也有这样的耳朵!

这小铜老虎稍微加上一点儿其他元素,能做表情包啦!

奶凶奶凶　　　洗刷刷,洗刷刷

其他朝代和地区的器物身上也有虎的身影。

商伏鸟双尾青铜虎，有两个尾巴。

西周滕（téng）虎簋（guǐ）的造型中规中矩，虎纹多半做了祭祀礼器的装饰纹路。

西周末年到东周，"虎"走下了神坛。这青铜虎蓥（yíng）是典礼中盥洗用的实用水器。

虎兵符：调兵用，"王"与"帅"各持一半，对上了才能发兵。

"青铜爬龙柱形器"的"亲戚"有可能是"虎形器"。考古专家们对"青铜爬龙柱形器"的用途有很多猜测：有人觉得它是图腾；有人觉得它是"传国重器"；有人把它和"虎形器"凑在一起，加一根龙纹杖，就成了龙头虎饰的神权杖。你觉得"青铜爬龙柱形器"是做什么用的呢？

我是你们的祖师爷！

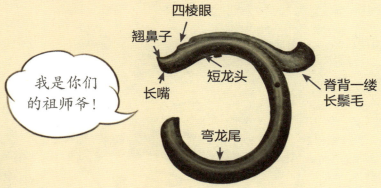

四棱眼　翘鼻子　长嘴　短龙头　脊背一缕长鬃毛　弯龙尾

"中华第一龙"——红山文化玉龙

柱形器上的这条小青龙，一改龙的威严。口张开露齿，做咆哮状，尾巴上卷，龙眼前眺，龙角弯弯，龙嘴下有山羊胡，可能是古人的奇思妙想。

三星堆的青铜龙是人们根据龙的样子想象、创造出来的。如果要找龙形象的源头，红山文化玉龙倒是可以作为参考，它没有爪和角，只有墨绿色呈"C"字形的龙身。

这些神兽和三星堆的"铜怪兽"都不只一条尾巴

猼訑（bó yí）
基山上的神兽，长得像羊，有九条尾巴、四只耳朵，眼睛长在背部。

陆吾
生活在昆仑山的神兽，虎身、人脸、九尾，威风八面。

九尾狐
不是怪兽，是神兽，后来被妖魔化。

有哪些神兽和铜怪兽一样不只一条尾巴呢？

铜怪兽档案
年代：大约在商代
用途：祭天、祭地、祭山神

上古神兽比尾巴大赛!

讙(huān)

长相不协调的神兽,三条尾巴,一只眼,它的叫声仿佛能盖过100种动物的叫声。

神兽是让人敬畏的。

狰

有五条尾巴的猛兽,头上有一只角,谁见谁怕!

䱉(tiáo)鱼

像鸡,长有六脚、四头、三尾。

三星堆的冷兵器：铜戈、铜鲇鱼、铜六角形器

看下面的祭祀物品前，我们先来认识几个和战争有关的成语：大动干戈、化干戈为玉帛、金戈铁马、同室操戈。没错！主角"戈"可是独霸青铜时代的第一冷兵器。我们就来看看"戈"在三星堆古城中是怎样"铜戈一出，谁与争锋"的。

看见它，想起烤鲇鱼！

我是照着鲇鱼的样子铸的，我和鲇鱼长得像不像？

如果它们都是武器，谁最厉害？

细长等腰三角形就是三星堆青铜戈。

援，即刃，商代早期的上下刃是对称的

内，可接木柄

穿

铜鲇鱼是三星堆特有的兵器。那么，为什么要铸成鲇鱼形呢？古蜀国原本就是由"鱼""鸟"氏族组成的。"鱼"是他们的重要图腾。四川是"中国鲇鱼之乡"，用古蜀的标志性动物做武器的形状多有意义。

宽长条青铜戈,戈头逐渐收窄。这是早期二里头文化的青铜戈,有点像宽剑。不过戈为什么是铜的?《史记》:"伏羲造戈,以铜铸之。"铜铸戈是伏羲发明的,一直沿用到战国后期。

从西周到东周战国中期,青铜戈成了战争中最厉害、最方便击敌的武器,青铜戈的造型也发生了很大的变化。后来青铜戈成了礼器,铁器取代它作了武器。

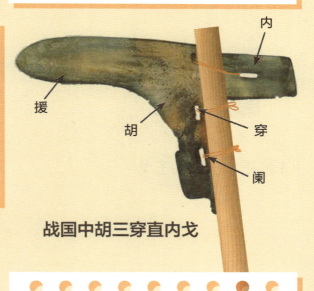

战国中胡三穿直内戈

我叫铜六角器。我是飞镖,还是装饰品?

这个铜六角器的六角各有小孔,中间有圆孔。正面突起,背面有凹槽,很像装在器物上的装饰品。虽说古蜀国非常强大,也需要有武器震慑邻邦。如果铜鲇鱼、铜六角形器都是武器,你觉得它们能打赢青铜戈吗?

三星堆的礼器玉戈、玉琮

新石器时代就有作礼器之用的"玉戈","玉戈"造型简单威武。我们来复习一下"戈"各部位的名称:在玉戈的左右两刃为"援",圆孔为"穿",戈柄处为"内"。

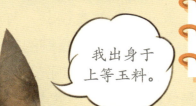

我出身于上等玉料。

高 40 厘米

宽 10.1 厘米

K1 祭祀坑出土的玉戈是用色调明快的黄褐色玉打磨出来的。

K1 祭祀坑出土的玉戈

K2 祭祀坑出土的玉戈

这件玉戈像不像弯弯的刺刀?它被雕刻得锋利刚劲,是武器的象征。

古蜀人在三星堆祭祀坑埋下的玉戈可真不少,K8祭祀坑里就有八件,其中有一件体型巨大,古蜀人会用它来做什么呢?

①蜀王举行大型祭祀活动时,仪仗队中最高大威猛的士兵手举着它。

②镇国玉器。

玉牙璋

上端有刃 →
下端是长方形 →
柄端是直角形 →

玉牙璋这种祭祀礼器，经常被插在山脚下，用来祭祀山神。

玉琮

大型祭祀活动中的玉琮是礼器。尤其是黄琮，那可是礼器的定制用品。

什么证据证明古人用"玉璋"祭祀山神？

三星堆 K2 祭祀坑出土的"祭山图玉璋"上有古蜀先民在圣坛上举着玉璋祭祀天地山川的图案。

《周礼》记载："璋，以祀山川。"意思是璋可以作为古代祭山的礼器。

祭祀山神用的玉璋造型非常多，主要有玉牙璋、玉边璋、玉鱼形璋。

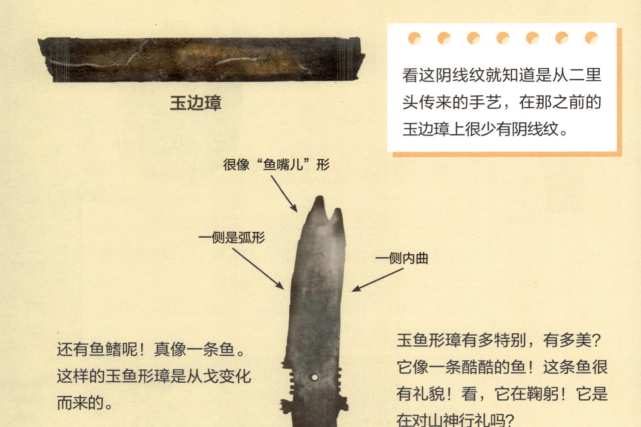

玉边璋

看这阴线纹就知道是从二里头传来的手艺，在那之前的玉边璋上很少有阴线纹。

很像"鱼嘴儿"形

一侧是弧形

一侧内曲

还有鱼鳍呢！真像一条鱼。这样的玉鱼形璋是从戈变化而来的。

玉鱼形璋有多特别，有多美？它像一条酷酷的鱼！这条鱼很有礼貌！看，它在鞠躬！它是在对山神行礼吗？

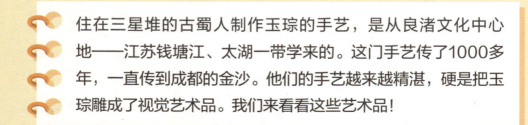

住在三星堆的古蜀人制作玉琮的手艺，是从良渚文化中心地——江苏钱塘江、太湖一带学来的。这门手艺传了1000多年，一直传到成都的金沙。他们的手艺越来越精湛，硬是把玉琮雕成了视觉艺术品。我们来看看这些艺术品！

三星堆K1祭祀坑出土的玉琮

月亮湾出土的玉琮

考古工作者在月亮湾城墙下方发现了很多相当于龙山文化时期的房屋遗址，同时发现了良渚文化类型的玉琮。

顶宽 6.9 厘米
高 22.2 厘米
底宽 6.3 厘米

金沙遗址出土的十节玉琮

古蜀玉琮匠人是怎么雕玉琮的？

1. 雕玉琮形状

雕出四边、四面、圆弧角，外方内圆的玉琮形。

2. 雕玉琮纹饰

雕出和良渚文化中的玉琮兽面纹很像的纹饰。这种纹饰在中原商代是没有的。

3. 手艺的传承

古蜀匠人到了金沙古城，把雕刻手艺带到那里，雕出10节、40个人面纹的十节玉琮。

良渚兽面纹玉琮

三星堆祭祀坑中埋着古蜀人的劳动工具。这些劳动工具后来变成了统治阶级、大祭司使用的礼器，所以就得用玉打造了。它们是玉凿、玉斤、玉斧、石锛。古蜀人是怎么使用它们的呢？

玉斧是怎么来的？

石斧的威力被部落族长甚至古蜀王看中，照着它打造出象征权力的玉斧。

玉斧　　石斧

石斤是石斧的"兄弟"，石斤和石斧的命运一样，被古蜀王看中，成了权力的符号。因为身份高贵而加入玉器行列，成了三星堆单面凸刃的玉斤。

石锛是装在木柄上用来砍伐、刨土的工具。从新石器时代到青铜时代古蜀人一直在用它。

玉斤　　石斤

石锛

古蜀人的劳动工具：玉凿、玉斤、玉斧、石镞

石凿是比较先进的制造工具，用它加工石、骨、木不在话下。后来，人们照着石凿造出玉凿，但玉凿被"剥夺"了"劳动权力"，成了礼仪用器。

玉凿　　石凿

石镞是用石凿打造出来的，是箭头。当时还有骨箭头，蚌壳做的箭头，中原还有青铜箭头。可以用石镞射猎物，命中率很高。

石镞（zú）

三星堆祭祀坑中的玉石器

从三星堆出土的玉石器有2000多件，K1、K2祭祀坑中的玉石器是最多的。

玉璧能变出多少种花样？

我叫偏心圆玉璧。

没有圆规，玉石匠是怎么画出同心圆的？

K2祭祀坑的玉璧工艺更高超，玉面上的小同心圆线条流畅、距离相等。

这是出土于K1祭祀坑的玉戚形佩，就是把玉戚形璧变成坠儿，孔变小。还真有点把农具戴在脖子上的意思。

璧瘦身成了玉瑗，成了侍卫用来牵引君王上台阶的礼器。

玉璇玑，中间有一个圆孔，外缘有三个朝同一方向飞翘的牙，三个牙间距是相等的。

这块有领璧可能制作年代比较早，但它还是非常珍贵的，因为到了战国时期就没有领璧了。

玉璧和光盘有几分像？会不会是古蜀仙人用来储存法术的移动硬盘？

玉戚形璧可能是古蜀人仿照农具或兵器制造的。你觉得它还有点像什么？

戚形璧和啤酒开瓶器是不是有几分像？戚形璧上凸起的领，扣上汽水瓶盖刚刚好。

我和它更像吧？

这块有领璧继承了三星堆鸟图腾。

有领璧和智能LED化妆镜有几分像？

金沙遗址出土铜三鸟纹有领璧形器

三星堆金面具是给谁戴的？

快看！古蜀国的"化妆舞会"要开始啦！原来是古蜀人把贴有金面具的大青铜人头像抬上来了，小川他们偷偷溜过去，想一睹金面具的尊容。

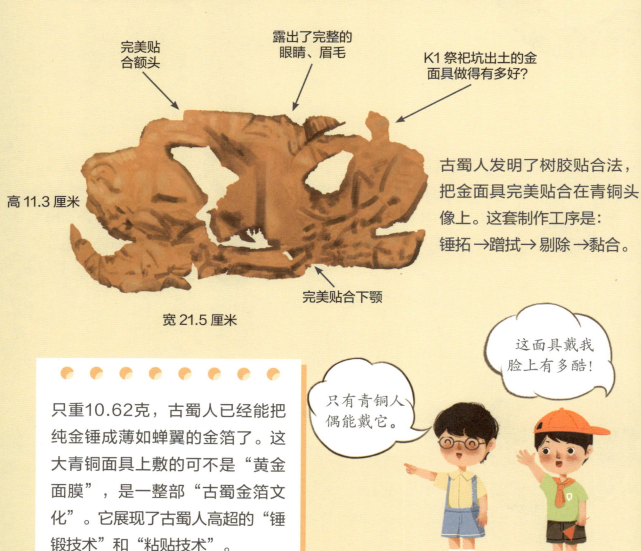

完美贴合额头

露出了完整的眼睛、眉毛

K1 祭祀坑出土的金面具做得有多好？

高 11.3 厘米

完美贴合下颚

宽 21.5 厘米

古蜀人发明了树胶贴合法，把金面具完美贴合在青铜头像上。这套制作工序是：锤拓 → 蹭拭 → 剔除 → 黏合。

只重 10.62 克，古蜀人已经能把纯金锤成薄如蝉翼的金箔了。这大青铜面具上敷的可不是"黄金面膜"，是一整部"古蜀金箔文化"。它展现了古蜀人高超的"锤锻技术"和"粘贴技术"。

只有青铜人偶能戴它。

这面具戴我脸上有多酷！

金沙遗址出土的金人面像

- 金沙遗址的"金人面像"和三星堆的"金面具"非常相像,这是"古蜀金箔文化"的传承。

古埃及图坦卡蒙的黄金面具

> 我的盛世美颜千年不坏!

> 在外国只有去世的贵族才戴它。

- 古希腊、古埃及也有金面具,他们的金面具是贴在去世的首领、国王脸上的,这样他们会跟随太阳神去往天堂。

金沙遗址出土的金蛙形饰

> 我也用金塑形,我也是个大人物!

- "古蜀金箔文化"传到金沙古城后有了创新:有金蛙形、喇叭形、球拍形……五花八门,40多件金器,这脑洞是中原人想都不敢想的。

第五章 三星堆 K2 祭祀坑中的商中晚期祭祀礼器

在金面具后面是一副怎样的面孔呢？让我们跟随小川他们到K2祭祀坑的祭祀现场看看吧！三星堆青铜人头像的五官不成比例，一对吊梢杏核眼占据大半张脸，还眼球外凸，能不让人瞎想吗？

谁说我是外星人？我是贵族！

这是K2祭祀坑中的两件金面青铜人像。

难道有外星人偷渡到地球？

有人说我像外星人。

看这长相能想到什么？

他们为什么要戴金面具？他们被埋前是什么样的？

K1、K2祭祀坑出土的57件青铜头像，其中4件戴金面具，可见他们的地位有多崇高。

地位高为什么就要戴金面具呢？这还要从中国对"金"的分类说起。从夏代起中国人就把黄金、白银、铜，统称为"金"，而黄金是最尊贵的上品金。给他们戴金面具很可能为了彰显他们崇高的地位。

四川省考古研究院研究馆员认为，他们作为祭祀的人偶，原来很可能有木头人身的。

> 金面具是贵族的荣耀。

> 希望古蜀文明和黄金一样灿烂、耀眼。

没戴金面具的青铜人头像

都说"物以稀为贵",但是K2祭祀坑中的那件圆顶青铜人头像,为什么没有三件平顶青铜人头像尊贵?

那还用问!我们三个开圆桌会议都不叫他。

你们和圆顶青铜人头像,谁的地位高?

我们一模一样!

提前剧透:他是后面现身的大人物,和他长相打扮一样的是同族,他们的地位最高!古蜀种族可能是"以多为贵"。

我洗脸洗掉了。

青铜大立人像是不是古蜀最高领袖?

他们最尊贵为什么没有金面具?正经假设:
①金面具脱落了。
②他们在家族中的地位仅次于平顶金面铜人。
③他们"视黄金如粪土"。

他与青铜大立人像有几分像?

看发饰:都是平顶,头后绑着麻花辫。

看鼻子:都是蒜头鼻。

看嘴型:都是方阔口。

看眼型:都是吊梢杏核眼。

如果古蜀国各族人都有议事权,平顶古蜀人可能就是最后敲锤子有决定权的人。

下面还有四件不同头饰的青铜人头像

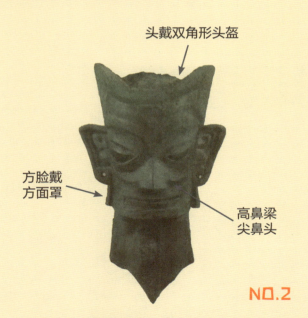

留圆发型,蒙面到头顶,头后有发髻,是个武士吧!

柳叶眉

还是蒜头鼻

瘦削脸

头戴双角形头盔

方脸戴方面罩

高鼻梁尖鼻头

NO.1

NO.2

别看圆头顶古蜀人不多,地位却稳居全国第二。证据:只有他们和平头族有金面铜人头像。

他在古蜀国可能是特殊的存在。他头戴特殊的双角头盔,可能在作战时戴,也可能是一种身份的象征。

这种发型是把长发梳成辫子，再盘在头顶。这一族人和平顶族人都有留辫子的习惯。

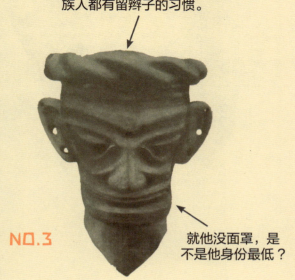

NO.3

就他没面罩，是不是他身份最低？

鼻子稍尖

戴的可能是薄款面罩。

NO.4

谁来了三星堆？

5000多年前，居住在营盘山遗址（今四川阿坝藏族羌族自治州茂县）的先民，翻越直线距离80公里的龙门山脉，进入了桂圆桥遗址（今四川省什邡市），与当地原住民共同创建了成都平原上的古蜀文明。

还有证据表明古蜀文明是营盘山、甘肃、青海等地先民共同创造的。

① 先民特征

古蜀先民"双颧骨突出"是典型的古西北人种特征。

② 相似的食物

古蜀先民和营盘山、西北先民食物遗存高度相似。

③ 相似的彩陶

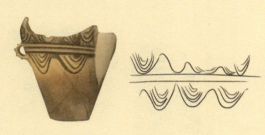

彩陶双耳罐
四川茂县营盘山遗址

波折纹彩陶瓶
甘肃省博物馆

④ 相似的陶人

陶塑人面像
四川茂县营盘山遗址

人头形彩陶瓶
甘肃泰安大地湾遗址

蚕丛族人的传说

三星堆K2祭祀坑中有三种"半人半兽"面具。它们长着"螃蟹眼睛""猪八戒耳朵""长鼻子""山羊犄角",它们是古蜀国的神,还是古蜀人的祖先?来看三星堆K2祭祀坑综艺节目"'望帝讲故事'之纵目人的族人"。

传说,古老的蚕丛部落世世代代住在陡峭的山崖"石室"中。他们长相奇特,穿着自己养蚕制丝织成的奇特衣服。

他们养的蚕是怎么来的?

从前,蚕丛部落中有个美丽善良的小女孩,她每天骑着骏马在山崖间快乐地穿梭。一天晚上,她回到家,发现爸爸不见了。原来,爸爸被最凶的强盗抓走了,可部落里没人敢去救爸爸,只有她的马儿敢驮着她去救人。马儿把坏人踢翻在地,救出了爸爸,随后带女孩去了一个长满桑树的地方。女孩化身为蚕,以桑叶为食,口吐蚕丝,让蚕丛部落的人穿上了丝织衣服。

相传古蜀蚕丛部落的祖先就是这个怪样子。

青铜纵目人面像有点像千里眼、顺风耳合体

蚕丛王

青铜纵目人面像的纵目和千里眼一样，还升级了伸缩功能。

张开的扇风耳耳听八方，有点像顺风耳。

- 上面是和青铜纵目人面像相似的三位大神级人物。
- 《华阳国志·蜀志》记载："有蜀侯蚕丛，其目纵，始称王"。可能因为这句话，很多人认为青铜纵目人面像就是蚕丛王。

农历六月二十四日是四川彝族火把节。

人们都戴上古蜀先祖面具跳舞。

大家不妨想象一下，古蜀人带着祖先形象的面具跳舞的欢快场景！

眼球凸出 高16厘米
宽138厘米
千里眼+顺风耳
也像猪八戒大肥耳
高66厘米
鹰钩鼻
如果没有耳朵挡着嘴角，嘴都裂到后脑勺了。

K2祭祀坑的青铜纵目人面像

我是最小的！

K8祭祀坑的"迷你"版纵目人面像，宽耳、凸目、咧嘴的模样和K2祭祀坑中的青铜纵目人面像很像。

我先来讲个天梯的故事。

以前，人和神能你来我往，联结天地的快速通道是昆仑山天梯，身强体壮的人顺着不周山也能爬上天。

颛顼称帝巩固帝权，不想神仙插手凡间事，把昆仑山天梯斩断了。从此，凡人再想和神仙交流思想，只能通过祭祀和祝祷。

水神共工和黄帝的孙子颛顼（zhuān xū）争当华夏大帝，共工落选，气得怒撞不周山。《淮南子·天文训》："昔者共工与颛顼争为帝，怒而触不周山，天柱折……"

新帝上任，闹点大动静！

天柱·不周山

铜戴冠纵目面具的用途

古蜀人认为面具是与神灵对话的媒介,所以他们在祭祀活动中会埋下很多面具。这件自从出土以来吸粉无数的"青铜戴冠纵目面具"就是其中之一。

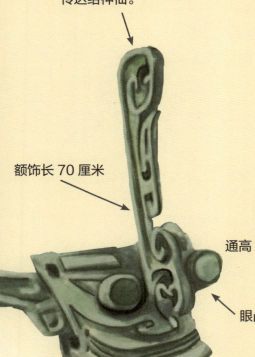

这是高高翘起的龙尾,尾梢内卷,能把凡人的愿望传达给神仙。

额饰长 70 厘米

通高 82.5 厘米

眼凸外伸 10 厘米

宽 77.4 厘米

火神烛龙,人首龙身。这面具也是人与龙结合的新形象。

戴冠纵目族人真的存在吗?

古蜀国真没有长相这么奇怪的民族,只有戴着烛龙额饰的蚕丛族人或神职人员。

"长鼻子"是怎么装上的?

用的是"补铸法",就是把面具先铸好,再补上烛龙额饰。

有点吓人的青铜兽面具

古蜀真有半人半兽的夔(kuí)龙兽族人吗?

古蜀当然没有夔龙兽族人啦!但是颜色青黑,形状如牛,没有龙角,只有一条腿的夔龙可能深入古蜀匠人心中。他们还把夔龙形象铸造在下面这些面具上。

古蜀人把龙、人、羊形象合在一起,拼成了一种神兽。用"浅浮雕铸造法"把它铸成薄片面具。

我是祭祀时挂在柱子上的装饰品。

软绳会穿过这些小孔,把它拴在柱子顶端。

我一共有九个兄弟姐妹。

当年祭祀一共埋下三类,共九个青铜兽面具。

厚 0.2 厘米
高 20 厘米
宽 23 厘米

我觉得我最漂亮。

长长的眉毛,眉尖上卷,炯炯有神的大眼睛,挺拔的小鼻子,两排整齐的小兽牙,装饰有一对夔龙,一对羊角。这些青铜兽面具吸取了殷商青铜面具凶神恶煞的形象,增加了祭祀活动威严的气氛。

大青铜人面具

青铜人面具是照着巨人族铸的吗？

照着你的模样铸的吧！

大青铜人面具是古蜀国面具家族中长相最正常、数量最多的面具。

古代的面具叫"魌（qī）头"，可以用来请神，神会降临到面具上。

威严　庄重　神秘

耳廓饰云雷纹

看我多帅！

深 66 厘米　重 131 斤

这是要戴耳环吗？

耳垂上的洞不为戴耳环，额头上的方洞也不是天眼，虽说额间一眼也是古蜀国"纵目"的一种，但这洞是用来把面具固定在木桩上的。他为什么眼大无珠？他被悬挂在高处代表地位崇高的统治者，眼睛下垂俯视众生，所以看不到眼珠。

他们有多帅？国字脸、蒜头鼻、大杏核眼，这五官和平顶金面铜人像有点像吧？所以，你觉得他是不是蜀王呢？

奇怪的眼形器

这不就是纵目人的眼吗？

听了小川的问话，杜鹃鸟忽地消失了，小川张开的手中出现了一枚圆柱形的青铜眼泡。这眼睛也是三星堆文化的精华。想见望帝真面目，得先把三星堆"眼睛文化"学习好。

三星堆出土了许多眼形器、青铜眼泡。最大的眼形器长半米多。古蜀人会把什么东西制作得这样庞大？只有受崇拜的东西，才有这待遇。

它像不像鸟的眼睛？古蜀国有三个王朝和"鸟"有关。柏灌王朝的图腾是"柏灌鸟"，鱼凫王朝的图腾是捕鱼的"鱼老鸹（guā）"，杜宇王朝的望帝化身为"杜鹃"，古蜀人崇拜"鸟眼"不奇怪。

上古黄帝时代的仓颉，因为天生双瞳四眼，所以擅长观察星辰运行、鸟兽足迹，并根据观察记录创造文字。人们都尊称他"造字之神""文祖仓颉"。

青铜菱形眼形器

这是一件完整的"青铜菱形眼形器",眼形器四周是直边,呈斜坡形。中间是凸出的眼球形,周围下凹,看上去有"纵目"的视觉效果。

组合型青铜眼形器

宽 25 厘米
厚 3.5 厘米

长 60 厘米

古蜀人认为眼睛能看到阳光,眼睛就是太阳的化身。崇拜眼睛=崇拜太阳。

世界各地的眼睛崇拜

1. 叙利亚哈塞克的毕拉克古代遗址中的"眼睛神庙",里面的神都有2~6只眼睛。

2. 古埃及的荷鲁斯之眼是神圣、君权、复活、庇护的象征。

3. 这是1美元背面的"上帝之眼",最早出现在中世纪肖像画中,是上帝监视人类的法眼。

青铜兽首冠人像的兽是什么兽?

讲K2祭祀坑的宝贝能讲到地老天荒。下面要在祭祀活动中出场的是"青铜兽首冠人像"。

难怪望帝不肯现身!

我是主持祭祀活动的大法师。

宽 21.3 厘米

高 42.6 厘米

古人重视冠戴。冠造型奇特,正面是扁兽口,上面是三根翎毛,侧面是大象的牙、耳。"象"是古蜀人崇拜的动物,"象牙"也是祭祀品,祭祀坑中就有很多象牙。

"玉琮"和手形对应。

华丽丽的对襟法衣,上面的服饰磨没了。

画出想象中的"青铜兽首冠人像"下半身

"青铜兽首冠人像"的兽是哪种动物呢?

我的造型复杂,可分四部分。

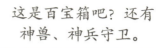

这是百宝箱吧?还有神兽、神兵守卫。

从前,三星堆古城有个"百宝箱",在高高的山上,有众神兵和神兽守卫,不让人靠近。

这是守卫"百宝箱"的神兵。

两头、单翅、长尾、四蹄、扁口的神兽,它们和兽首冠的"兽"是一家子!它们有个名字叫"蜚(fěi)蠊(lián)",那谁又是"蜚蠊"呢?

"蜚蠊"是商代贵族,是纣王的亲信和"快递员"。他在给纣王送快递时,商灭亡了,他的快递费泡汤了,却自掏腰包给纣王做祭祀。人们很敬佩他的人品,把他神话成长翅膀的神兽,用在祭祀礼器上。

我和贵族重名了!

"蜚蠊"是蟑螂的学名,它也有翅膀和角,你认为神兽是它吗?

小川小课堂：猜猜"鸟人"的身份

三星堆K2祭祀坑大型科普综艺之"猜猜'青铜人首鸟身像'的下半截"。

欢迎回到小川科普小课堂！

我就是鸟人！

这是铸在一件柄头上的"人面鸟"，鸟尾像卷曲的美丽凤尾。人长得蛮俊！方脸、高鼻、大耳，和三星堆四大家族的人蛮像。

通高12厘米

瞧！他也是纵目！是古蜀蚕丛部落的"鸟人"吧。

你觉得"青铜人首鸟身像"站在什么上面？试着画下来吧。

大型科普综艺：猜猜"鸟人"身份

"鸟人"站在小青铜树上的原因：三星堆祭祀坑中就有一个站在树枝上的鸟人。

古蜀王有用手杖作权杖的习惯，中原有在手杖上装饰鸟的习惯，古蜀人会不会把这两种习惯结合一起，发明了"鸟人手杖"呢？

古蜀人崇拜鸟图腾。那会不会让鸟人当侍卫站在屋顶上保护家宅安宁？

小川小课堂：喇叭座顶尊跪坐人像

三星堆K2祭祀坑大型科普综艺之"解密'喇叭座顶尊跪坐人像'"。

小川科普小课堂继续开讲！

拜托！人家拜的是山神，不是食神！

离谱！人家是女巫不是女仆！

我是古蜀国的女巫，猜猜我头上顶的是什么？

尊，是商代、周代祭祀活动常用的祭祀礼器。

通高15.6厘米

"喇叭座顶尊跪坐人像"凭什么是高端青铜工艺品？

① 人像虽小，却连裙带和纽扣都刻了出来。
② 神山充满抽象美。
③ 埋在地下几千年还完好无损。

这女巫太前卫，只在腰间系条裙子。没穿盛装不是因为女巫身份低，而是她祭祀山神的特殊打扮。

女巫爬上的这座神山做工精美。神山上装饰有扉棱和镂空花纹。

底座直径10厘米 底座高5.3厘米

你们还真能瞎猜！

敞口

长颈

圆腹或方腹

- 尊的另一大用途：盛酒器。
- 尊，也是商代、周代的大型盛酒器，到了汉代成了贵族常用的盛酒器。

给尊加上这个承盘就可以加热酒水了。

三鸟三羊尊和它的"双胞胎兄弟"

K2祭祀坑中埋藏了很多和动物相关的盛酒礼器，有牛头、羊头、鸟身造型的九件尊、六件罍（léi）。我们现在就来认识下其中的三鸟三羊尊。

夔龙

商晚期和西周的尊肩部常用夔龙纹！

饕餮（tāo tiè）

这尊身上有饕餮纹，中原很少见。

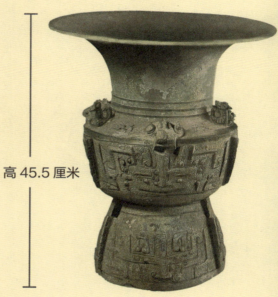

尊口径：42.6 厘米

高 45.5 厘米

三鸟三羊尊

尊里面藏有什么好喝的？我带到现代来发扬光大！

真是个穿越时空的吃货！

"尊"为什么要用"三鸟三羊"作装饰？

三鸟：古蜀国以鸟为图腾的氏族多！

三羊：三羊开泰！
　　　羊有跪乳之德！
　　　羊多产，象征人丁兴旺！

"三鸟三羊尊"和"三羊尊"有多像？一起玩找出相同游戏！

肩部的三鸟、三羊、夔龙纹，身上的饕餮纹。

你知道为什么我俩和三鸟三羊尊也有些像吗？

①它是至今所见巴人故地最早的一件大型青铜容器。
②它最像三鸟三羊尊。

湖北荆州 商代铜大口尊

高 42.8 厘米

重庆巫山县 三羊尊

"三鸟三羊尊"和"三羊尊"相距 800 公里，为什么会这么像？

在商代、周代，三星堆古城和巫山县既有战争也有交流，尊的造型互相影响。

青铜三牛尊和四羊首兽面纹罍

尊上为什么有牛？罍和尊有什么区别？

商代、周代盛酒礼器青铜尊上有个"动物世界"。人们通常会在尊上刻龙、虎、羊、牛、马、狗、鸟、猪，甚至会铸造铜犀牛尊。而这青铜尊上的主角是"三头牛"。

尊的肩部铸有三个牛头和云雷纹组成的夔龙图。

尊的腹部有"刀状云雷纹"和"变形兽面纹"。

尊的圈足上有镂空。

K2 祭祀坑 青铜三牛尊

尊上为什么有牛？

古代帝王祭祀最高等级是备齐"三牲"：牛、羊、猪，叫"太牢"。如果缺少牛，祭祀就降了一个等级，叫"少牢"。高等祭祀用品尊当然会有"牛"出场。

尊上的牛是什么牛?

弯弯的犄角是水牛。

水牛分为两种:河流型水牛和沼泽型水牛。在中国东南和西南地区生活着许多沼泽型水牛,驯化用来耕地。

商代、周代著名盛酒礼器还有"罍",有圆形和方形两种。这件就是圆形罍。

罍和尊有什么区别?

最大区别:罍是圆形直口,尊是敞口。埋在地下的罍是"储存器",里面装着献给神的宝贝。

先向内再向外卷的角属于原产中亚的大角盘羊。

你知道罍上有多少动物? 有羊、立鸟。

猜猜我是什么羊?

口径 26.5 厘米

通高 54 厘米

乳钉纹

这叫四扉棱

足径 26 厘米

K2 祭祀坑的动物篇：青铜鸡是谁？

三星堆K2祭祀坑大型科普综艺之"'青铜鸡'是谁"。

关于"鸡"的成语知多少？

小肚鸡肠、鸡吵鹅斗、一地鸡毛……

和"鸡"有关的成语好像有点贬义。历史上的"鸡"真是这样的吗？

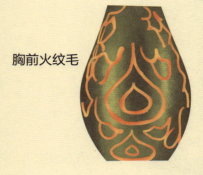

胸前火纹毛

神采飞扬

引颈仰首

高 14.2 厘米

昴日星官

它是"天鸡""神鸡"，装饰在军旗杆顶上，以振军威！

尾羽丰满

青铜鸡脚下踩"门"字方座。把"门"踩在脚下，一看就不是"凡"鸡！

长 11.7 厘米

三星堆 K2 祭祀坑 青铜鸡

三星堆青铜鸡在一众神像、神面具中最与众不同，为什么与众不同？

真实、细致！没想到古蜀人的写实艺术品堪比"工笔画"：冠、眼、喙、爪、羽毛都精雕细刻。

科普："工笔画"，国画技法的一种，崇尚写实，求形似。

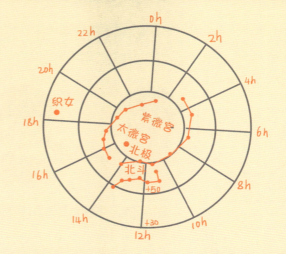

昴日星官：在天上有一个星团叫"昴星团"，民间叫"冬瓜子星"，星团里至少有280颗星，年龄有5000万岁，在冬天的夜空中，能看到它们其中的七颗星。

这"神鸡"又是哪位神仙？很可能是天上二十八星宿之一的昴（mǎo）日星官。

原名：黄仓
神职：司晨啼晓
本相：六七尺高的大公鸡
住址：天上光明宫

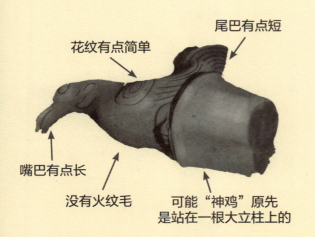

花纹有点简单
尾巴有点短
嘴巴有点长
没有火纹毛
可能"神鸡"原先是站在一根大立柱上的

这只是2022年1—2月间从三星堆K8祭祀坑出土的"神鸡柱头"，这家伙也是个"写实派"。难道古蜀人喜欢铸造"写实鸡"？它和"青铜鸡"有什么不同？这只"神鸡"的嘴又长又弯，有点像老鹰嘴。不过，它还是很像一只现代鸡的，就是朴素了点。不知道它是昴日星官的简易版，还是星官的鸡仆？

K2 祭祀坑的动物篇：青铜鸟人脚像的另一半是谁？

这回的三星堆大型科普综艺是"认识这些奇怪的青铜鸟"。

2022年出土于K8"祭祀坑"

1986年出土于K2"祭祀坑"

这是一道计算题，大家一起看解析！

"倒立顶尊人像"做着高难度动作：上半截头顶着"尊"，下半截手撑着"罍"。可下面的"罍"怎么也撑不住上面的"尊"。这是为什么呢？因为它少了"另一半"，就是1986年K2祭祀坑出土的"青铜鸟脚人像"。

=

鸟足曲身鼎尊神像

头顶一件朱砂彩绘喇叭形尊。

他也是蚕丛部落的纵目人。

梳五绺立发，也是古蜀国中的一个种族。

双手撑住带盖圆罍，他表演的杂技远不止于此……

它像一条人腿，又像鸟爪抓着鹰头。它从出土起，用了36年等到了"另一半"。

2022年它们终于合体啦！哇！原来"倒立顶尊人像"长了一双鸟脚。他是杂技演员吗？他可以完成这么高难度的"动作"，在古蜀国应该是在祭祀活动中从事杂技表演的平民。

我们再来看看三星堆的其他青铜鸟

青铜大鸟头

青铜大鸟头是三星堆全部鸟形器中最大的，这么大的鸟头一定是安装在神庙建筑上的装饰物。历代蜀王都是以鸟为名，所以要造个大鸟头当作王的标志。

青铜鸟

这只鹰嘴鸟，头高昂，翘尾展翅，雄赳赳气昂昂。

青铜鸟

它是一只大头鸟，鸟头占了全身的1/2，全身覆盖鱼鳞羽毛，腿上覆盖卷云羽毛，翅膀小得像装饰品，最漂亮的是云雷大鸟冠。

K2祭祀坑的动物篇：金箔鱼形饰

三星堆K2祭祀坑大型科普综艺之"鱼部落的故事"。

三星堆还有个"鱼部落"。

鱼凫

你知道三星堆有个"鱼部落"吗？我们知道古蜀国有个"鱼凫王朝"，"鱼凫王朝"的图腾是水鸟"鱼老鸹"。其实，"鱼凫王朝"是"鸟部落"和"鱼部落"联合建立的。

"鱼部落"是古蜀国的哪个氏族呢？

有个虞（yú）氏族的图腾是条鱼，虞氏族应该就是鱼氏族的原型。

金箔鱼形饰

> 像我这样的大金箔鱼形饰在K2祭祀坑里共有5件。

K2祭祀坑"金箔鱼形饰"一共有19件，包括5件大的金箔鱼形饰，14件小的金箔鱼形饰。

长约20厘米

这是条像柳叶的金箔鱼，鱼鳞是叶脉纹和刺点纹交替出现。

宽近2厘米

> 像我这样的小金箔鱼形饰在K2祭祀坑里共有14件。

商代的三星堆金箔冶炼、锤拓、碾制加工技术已经很高了。金箔匠人们可以用金箔制作金箔鱼形饰、金叶、金璋、金面罩……还有这造型非常奇怪的"金箔四叉形饰"。

长度从4厘米至7厘米不等

形状和（大）金箔鱼形饰一样，就是没鱼鳞，别是鲶鱼吧！

宽近2厘米

四个尖角叉形器组成四座起伏的山峰。

"金箔四叉形饰"是做什么用的呢？

是王冠，它多一个尖角；是"贴敷之器"，它究竟能贴在哪儿呢？

107

金箔璋形饰、金箔圆形饰和金叶

古蜀国中盛行着"十日传说"的神话。上古神明羲和和帝俊生了十个太阳,这十个太阳轮流化作金乌,每天早上从东方扶桑神树上起飞,飞向西方,到了晚上就落在西方的若木神树上休息。

西日落

古蜀人崇拜太阳,用金箔做个圆当"太阳","金太阳"是太阳的光芒。

金叶的"主人"一定是棵神树。神树是扶桑还是若木呢?扶桑树叶有点像圆心形,金叶和它比就显得太瘦了,就当它是若木神树叶吧!

东

日出

小川、小蜀、小布谷在K2祭祀坑旁众多祭品中找到了三星堆博物馆镇馆之宝"大青铜神树"。他们找到的古蜀文明符号越来越多。

这是用10年修好的神树，这儿原本可能有只立鸟。

"大青铜神树"是什么神树？

看！神树上九枝各站一立鸟。《山海经·海外东经》记载：扶桑神树上有九只太阳化身的太阳神鸟，其中一只在树顶。"大青铜神树"应该是《山海经》中的扶桑神树。

高396厘米

K2祭祀坑中最大的"大青铜神树"

《山海经》中的神树耶！

我是一条马面龙。

哇！

三星堆中的"扶桑神树"和"建木神树"

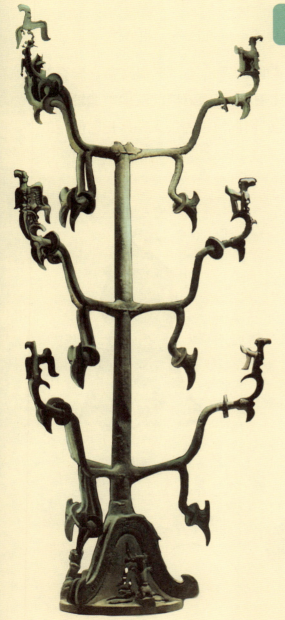

2号青铜神树

"2号青铜神树"是什么神树?

《山海经·海内经》记载:"有木,青叶紫茎,玄华黄实,名曰建木,百仞无枝,上有九欘,下有九枸"。意思是,有一种树木,青叶紫茎黑花,结黄色的果实,名叫建木,高达百仞没有分枝,树顶有九根弯曲的枝枝,树底下有九条盘旋交错的树根。看这光秃秃只有几根弯曲枝条的青铜树,可能就是建木树。

三星堆更适合生长建木神树,这是为什么?

《山海经》记载,建木长在天地中心。天地中心在西南的都广之野,四川广汉三星堆就在这个地方。

三星堆祭祀音乐会

西汉史学家扬雄在《蜀王本纪》中对古蜀国的评价是"不晓文字,未有礼乐",让古蜀人不通音律的形象延续了几千年。1986年,三星堆遗址出土的礼器、乐器给古蜀人翻了案。这些悬挂的青铜铃是古蜀人在祭祀时使用的打击乐器,让仙乐伴着神树长鸣。

石磬 三星堆遗址出土

古蜀音乐人早在远古时期就开始玩音乐啦!在三星堆和金沙遗址都出土过"石磬",它可是和三皇五帝同时期出现的老祖宗级乐器。

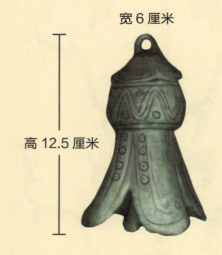

宽6厘米

高12.5厘米

铜铃

这是一件喇叭开花铜铃,铜铃分三部分。

把音乐设成手机铃声,能传播古蜀乐曲。

这是三星堆祭祀音乐会!

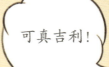

可真吉利!

上部是铜铃的花托，花托上有水波形曲纹。

中部像花朵子房。上面的纹路和凸点是古蜀音乐人用来调音、找音律的小工具。

子房：植物长出果实的地方。

下部是铜喇叭花，花内配有柱状铃舌。

K2祭祀坑出土带挂架铜铃的上面只有一只铜铃，从空荡荡的挂钩上看，那里原本也有铜铃。铜铃上小下大，腰微鼓。

带挂架铜铃

这铃是只鹰头，尖尖的鹰钩嘴，圆溜溜的鹰眼，青铜鹰羽翼，头上套"8"形连环扣。这是古蜀人最喜欢的铜铃，因为它长了一副鸟样子。

铜鹰形铃

古蜀人很喜欢用兽面纹装饰礼器、乐器。兽面纹铜铃有什么寓意？它能化解凶煞、消灾解难、驱邪保平安、招来财运。

兽面纹铜铃

铜太阳形器之谜

小蜀和小布谷看到的"神器"是"太阳神鸟"的本相"太阳"。因这长相,常常被我们现代人当成"车轮"或"方向盘"。

正圆形外观,内部被五根青铜条分成五等分,中间有圆心。

外圆是轮盘

是车轮!

是方向盘!

为什么古蜀人这么崇拜太阳?

四川叫"天漏之地",年降雨量多达1000毫米,年日照只有800~1100小时。所以,当地人非常崇拜阳光。

太阳出来吧!

千万别下雨!

我是太阳！

轮辐

中间圆心是喇叭

我也是穿越来的，终于找到同伴了。

"铜太阳形器"的不可思议之处

在"铜太阳形器"的内部，从中间的圆心出发有5根青铜条把它的内部空间分成5等分。你能想象3000多年前的古蜀人已经掌握精准的几何计算了吗？

"铜太阳形器"和方向盘有几分像？

"铜太阳形器"和车轮有几分像？

它的真实意义是什么？

圆心是太阳，青铜轮辐是太阳光，合起来是发出金光的太阳。

奇怪的是"铜太阳形器"被砸过。受崇拜的吉祥物为什么会被砸？这里又藏着什么秘密？

祭山图玉璋在讲什么故事？

三星堆中有故事的不只是"铜太阳形器"，还有这件"祭山图玉璋"。它讲述了古蜀先民祭祀的故事。

这是一件有故事的玉璋。

宽 8.8 厘米

斜边平口，像削笔刀，其实它是"玉边璋"。

"祭山图玉璋"双面用细线条阴刻出"三星堆人祭山仪式"。

厚 0.8 厘米

长 54.2 厘米

3000多年前的古蜀匠人拥有高超的制玉技艺，能把玉石抛光、钻孔，打磨成不到一厘米厚的玉璋。

"祭山图玉璋"在祭祀时被烧过，黑色是烧过的痕迹。

为了感谢山神的赐福，古蜀人把象牙、玉牙璋都献给了山神。这就是古蜀人生活中最隆重最有仪式感的事——祭祀。

青铜大立人像，是望帝本尊吗？

"青铜大立人像"的身份是什么？

在青铜雕像界，他是全世界最大的青铜人物雕像，被尊称为"铜像之王"。

头戴莲花唐僧冠。

干什么呢？我可比他帅多了。

通高 260.8 厘米

人像高 180 厘米

重 180 公斤

有手镯、足镯，身穿三层华服，是贵族没跑了！

望帝现身了！

古蜀高富帅呀！

是铜的

"青铜大立人像"档案
年代：公元前 1600—前 1046 年
重出江湖：1986 年三星堆 K2 祭祀坑出土

"青铜大立人像"的华服有多贵气？

内穿鸡心领长衣，外套左衽、窄袖、燕尾服，由左向右斜披一件四龙法衣，这是身为贵族的大祭司才有的打扮。衣服上饰巨龙、拳爪、人面纹、云雷纹。服饰中的龙图案显示出他身份的高贵，可能是巫师或是王者。

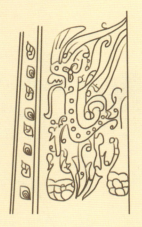

猜猜"青铜大立人像"手中握的是什么？

"铜火箭"：古蜀人能造出像方向盘的"铜太阳形器"，就能造出"铜火箭"。

象牙：从他手握的形状看出来的。

孔雀：以前有人猜他握的是一条蛇，可古蜀人更崇拜"鸟"。大立人要握"大鸟"，孔雀就这么入选了。

孔雀入选证据：三星堆祭祀坑出土了一件手握孔雀的"青铜小立人像"，和大立人像的姿态相仿。

第六章 三星堆 K3、K4 祭祀坑中的宝藏

望帝现在才不会现身呢，因为还有六个祭祀坑中的宝贝等着他们去探索。接下来再看看姿态万千的三星堆 K3、K4 祭祀坑的人像。

只有想不到的，没有做不出的。

头顶盘发一周，从左侧后肩竖起一股"冲天辫"。他们是造型师吗？

双手呈半"合十"，平举到身体左前方，这是在祈祷吗？他们是神职人员吗？

脚蹬地多有力！三星堆匠人手艺绝了！

古蜀人的另类服装和纹身。

看！他们的小腿上有"羽冠纹"，手上有"燕尾纹"。这是三星堆首次发现的青铜人像纹身，衣服上也有美丽的花纹。

千姿百态的人像

干活的人,不是三星堆劳动人民还是什么?

双手和"冲天发"中间有凹槽,用来托举重物。

手指关节突出是干活累出来的。

这些都是三星堆劳动人民的标志。

K3祭祀坑这家伙力气真大!把所崇敬的东西顶在头上是古蜀人的习惯,"顶尊"就成了三星堆祭祀活动的重头戏!

得换个造型,免得让人说我学他!

看!三星堆"奥特曼"在"看戏"!

铜顶尊跪坐人像

121

三星堆 K3 祭祀坑的圆口方尊和青铜方尊

三星堆出土的"尊"到底是个啥东西?

本期话题:聊聊跪坐人像顶的那口"尊"。

我也出生在殷商时期。

"圆口方尊"只比"牺首兽面纹圆口方尊"肩部多了立鸟,其他的一模一样。

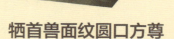

圆口

方腹

方足

牺首兽面纹圆口方尊

哥俩好!

我们才是一坑同胞。

三星堆 K3 祭祀坑:圆口方尊

三星堆 K3 祭祀坑:青铜方尊

前面我们说过"尊"是敞口盛酒器。"尊"和"酒"有什么关系？

"尊"字上的"酉"像尖底酒坛子，"尊"字下的"寸"像双手捧酒坛，是献酒的意思。后来又引申出"尊重""尊贵"。

古蜀人喝酒的家伙事儿

清朝时期 青玉天鸡尊

陕西历史博物馆藏 牛尊

还有很多异形尊。

清朝时期 玉熊尊

古蜀人用于喝酒的家伙很多，尊、罍、瓿（bù）、爵、斝（jiǎ）是其中的几种，我们来认识一下它们。

商末三星堆的尊有多粗犷？大敞口儿，60多厘米高，高圈足，雄浑大气。

带朱砂铜罍

商代晚期又高又胖的圆肩罍和方体罍横空出世，它盛酒比瓿多，直接把瓿拍在了历史的沙滩上，三星堆匠人还给它披上红妆。

青铜大口尊

三星堆的青铜器真是"鸟"不离身。

铜瓿

长得又矮又胖，但模样好看。商末的铜瓿有一身精美华丽的纹饰，折肩上"长"出了"鸟头""羊头""虎头"，有的还有盖子。商代早期的铜瓿是圆肩，像一口瓮。

宽腹瓿

铜瓿（bù）

爵

饮酒器，爵上的小柱可能是挂滤纸过滤浊酒的，也可能是拴绳挂爵用的。

簋（guǐ）

商代到战国时代的食盒，长相是敞口、束颈、鼓腹、双耳。

斝（jiǎ）

温酒器，比爵多一个耳朵。

神树纹玉琮上神秘的树

它长得可能像K2祭祀坑的1号神树,树干上有短枝,短枝上有大花蕾。

K3祭祀坑有一件独特的玉琮,在它灰白色玉料两侧面,竟然纹有两棵一高一矮的神树。玉琮上有神树"纹身",这是为什么?三星堆匠人爱造神树,神树能沟通天地,把它刻到祭祀品上多应景啊!玉琮上的神树是长什么样的?请看特写。

我们的发明多着呢!

神树是从地面生长的,土地为什么有两层?难道是旋转机关,能让神树像八音盒一样旋转?

可能神树上悬挂着铃铛，随树旋转发出美妙的音乐。

神树纹玉琮

商铜花朵形铃

铜鹰形铃

带挂架铜铃

三星堆 K4 祭祀坑中的灰烬在述说着……

● 起点四川

K4 祭祀坑为什么会有这些植物?

四季湿润的四川盆地是棕榈树理想的家。

这是献给天神的丝绸!

考古人员用显微镜从灰烬中检测出很多植物样本,灰烬中有纤维组织和丝素蛋白(蚕丝中的天然高分子纤维蛋白)。

西南丝绸之路

古蜀人把丝绸传到印度（古身毒国）

菊叶香藜（lí）

气味强烈的菊叶香藜生长范围广，在四川扎下了根。

大豆苗

夏代、商代的三星堆气候特别温暖，大豆长得非常好。

考古人员从灰烬中找到丝织品有什么贡献？

证明3000年前的古蜀国有了丝绸，发现丝绸从这儿经云南传到印度，填补了西南丝路的空白。

第七章 三星堆K5"黄金盲盒"与K6"玉盲盒"

破解完K4祭祀坑灰烬中的秘密,小川、小蜀、小布谷又被时空转移到三星堆K5祭祀坑发掘现场。这些"精华"在埋下3000多年后,重见天日可真不容易……K5"黄金盲盒"里的宝贝非常细碎,有……

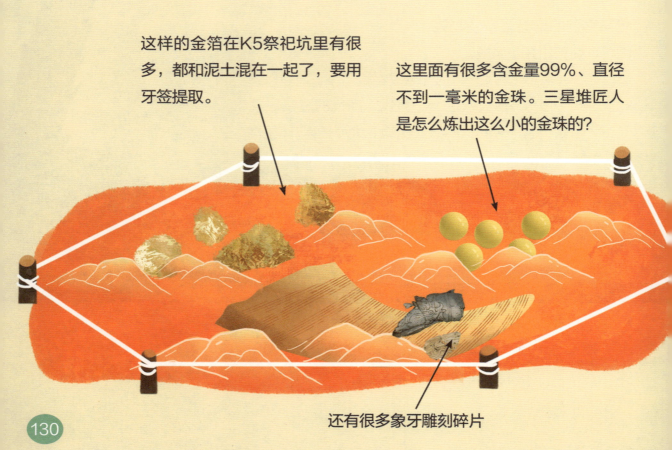

这样的金箔在K5祭祀坑里有很多,都和泥土混在一起了,要用牙签提取。

这里面有很多含金量99%、直径不到一毫米的金珠。三星堆匠人是怎么炼出这么小的金珠的?

还有很多象牙雕刻碎片

在K5"黄金盲盒"的考古过程中发现了一团揉皱的金纸，它的真面目是……

复原"半张金面具"

这家伙是货真价实的纯金吗？

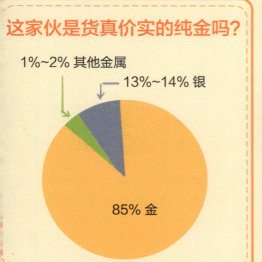

1%~2% 其他金属
13%~14% 银
85% 金

宽23厘米
高28厘米
重280克

我才是商代最重的金器！

这个洞是为了戴耳环，还是为了固定在大型建筑上？
半张金面具应该不是贴在大青铜头像上的，因为它又大又重，完全可以立起来。

出土的这张面具只有少半张脸，完整的金面具总重量应该超过500克，稳居商代最重的金器宝座。在"半张金面具"没出土前，金杖是商代最重的金器。

又大又厚又贵重的金面具是谁的真容？

K5、K6、K7祭祀坑出现在商代晚期，对应望帝生活的时代，那它是不是望帝的真容？如果是，那么我们和望帝已经有"半面之缘"了。如果不是，那么把你想到的另外半张脸画出来吧！

三星堆的祭祀仪仗队

再穿越回到商晚期的三星堆古城，又一场祭祀活动开始了……三星堆古城独特的仪仗队载歌载舞向K5祭祀坑进发……在仪仗队中你能找到生活在古蜀的哪些动物？

长 30 厘米　　宽 18 厘米

厚 0.12 毫米

三星堆金匠用高超的技术做出厚0.12毫米的"鸟形金饰"，它是披风上有金冠的"金孔雀"，三星堆只出土了这一只哦！

"圆形金箔片"也可能是衣服上的金饰。

古蜀女生爱在脸上画精美的彩绘。

王后最先把镶金的披风进献给天神。

古蜀国是热带气候,这里生活着成群的孔雀和翠鸟,还有喜欢湿热的犀牛和大象。

兕(sì)是长得像犀牛的上古瑞兽。

男子的斧形金器——钺

如果那场三星堆祭祀活动有男子仪仗队，或许他们手中拿的就是这个。

别看这"钺（yuè）"有点小，可身价挺高！"钺"柄上三道凹槽中镶嵌了绿玉石，金绿交相辉映，颜值也不低。

金文的"王"字，最下面的一横，像"钺"的刃，说明"钺"是"王"用的礼器。

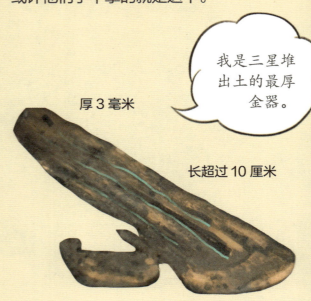

我是三星堆出土的最厚金器。

厚3毫米

长超过10厘米

最宽处4.6厘米

K5 祭祀坑 斧形金器——钺

钺是武器，也是夏、商、周的高等礼器。

我要扛回现代，弘扬古蜀文明。

身为礼器的"钺"为什么会缩小?它经历了什么?"钺"有很多形制。

奥杜威石斧

中国 5300 年前的石钺

4572 年前浙江良渚古国的组合玉钺

140 万—120 万年前 奥杜威石斧

在非洲坦桑尼亚东部的奥杜威峡谷,出土了人类最早的制作工具。

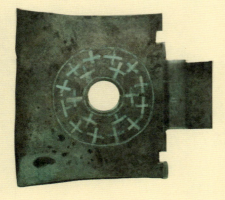

夏代晚期 镶嵌十字纹方钺

这是夏代最奢侈、最先进的青铜造钺,十字纹中镶嵌着绿松石。

K6 祭祀坑是"玉盲盒"还是"丝绸盲盒"?

商代 铁刃铜钺
3400年前的商代工匠开始用陨石铁制作斧、钺、刀、刃。

亚醜（chǒu）钺
"醜"是拿勺往尊里舀酒的人。这人可能就是旁边这个咧嘴笑的家伙，他五官突出，刃是他的大胡子，外框代表"亚"字，这些特征凑在一起组成像族徽的"亚醜钺"。

西周 巴掌大小的人头銎（qióng）内钺
后来鼎、尊超越了钺作为礼器的地位，钺变得小而美了。

现在展现在小川他们眼前的K6祭祀坑"蛮横"地穿过K7祭祀坑。

K6祭祀坑中有一个几乎与坑同样大小的大木箱，大木箱的盖子是打开的，里面什么都没有。大木箱里到底装了什么？有人说它是棺材，但里面没有骨头，里面只有丝绸蛋白和一把玉刀，所以K6祭祀坑又叫"玉盲盒"。

我有最特殊的器物。

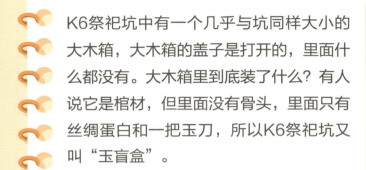

K6 祭祀坑
面积 4.1 平方米

我就是那个特殊的器物——大木箱。

所以，根据出土于大木箱中的东西推测，当年的祭祀活动可能是这样的……古蜀人要把献给天神的玉和丝绸装进大木箱中。

一把用软玉做的纺织工具——古蜀打纬刀，古蜀的打纬刀流传到后世各地。

我和它们很像。

玉刀

战国时期的青铜打纬刀

打纬刀是一种纺织工具，它可以在织布过程中把布的纬线紧密的编织到织物中去。

江西靖安出土的竹打纬刀

木箱里有丝绸蛋白，当年一定埋下了丝绸。早在三皇五帝时代古蜀人就有进献蚕丝的习惯。

相传，黄帝打败蚩尤后，古蜀蚕神向黄帝进献蚕丝。黄帝有位蜀山氏的妻子名叫嫘（léi）祖，她看到蚕丝后受到启发，开始教百姓采桑养蚕，后来她被人们尊称为"先蚕娘娘"。

第八章 上新！K7、K8 祭祀坑中的宝藏

K7祭祀坑有大量象牙，象牙下是青铜和美玉的世界。K7祭祀坑的"镇坑之宝"便是它，中国青铜时代独一无二的设计——龟背形青铜网格状器。青铜网格里装美玉，它在光线下会反射出温润的光芒，它是"月光宝盒"吗？

古蜀文明能传承下去，我真欣慰。

K7 祭祀坑中的"月光宝盒"和"三孔玉璧形器"

3000多年后，它再次现世，通过微痕分析发现，它外面应该裹着丝绸，是"月光宝盒"的包装。

青铜飘带　美玉　青铜网格　青铜龙头把手

龟背形网格状器

距今4000~5000年的黑龙江新石器时代的亚布力遗址就出土过"三孔玉璧"。

这两只眼、一张嘴的造型不是三星堆匠人的独创，这创意来自新石器时代。

长 9.5 厘米

上宽 3.1 厘米

外方内圆

造型竖排，上小下大，两边有明显的凹口

下宽 5.0 厘米

边边磨得像刀刃，可能被当成工具用。

三孔玉璧形器

它们的用途可能是……

史前巫具

祭祀祖先的玉器

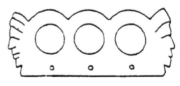

头饰

距今5000~6000年前的辽河流域红山文化遗址就有三孔器了，造型五花八门，猪头、蛇头、人头造型都有。

"大型十三人组神坛"的基座在出土时就和神坛"分家了",考古专家在基座中央发现了这个"小家伙"!

好可爱的一只!

放开我。

你猜他是谁?

背罍青铜人像

别怕!到现代你就能过劳动节啦!

三星堆匠人真不怕他累着,让小人儿背着比他大一倍的罍。他为什么能在基座中央,他的身份很高贵吗?如果很高贵,那为什么还要当搬运工?小人儿是三星堆劳动人民,罍是贵重的祭祀礼器,他能在这个位置上全靠罍,这叫"人凭物贵"。

K8 祭祀坑铜人和"机器狗"

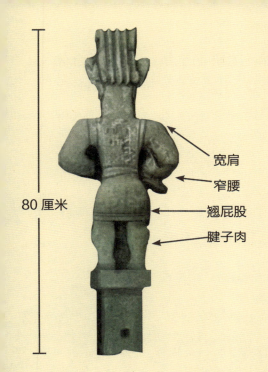

80 厘米
← 宽肩
← 窄腰
← 翘屁股
← 腱子肉

"裹裙坎肩大背头"

这是K8祭祀坑唯一完整的大型人像，可能还是三星堆的健美明星！他身穿紧身坎肩，秀出好身材。

长 >1 米
体重约等于 300 斤

他是驯兽师吗？

尾巴上翘后卷

K8 祭祀坑大型青铜立人神兽

你们也是机器狗吗？

K3 祭祀坑 小神兽

神兽蜚（fěi）蠊（lián）太可爱了，仰头塌腰，机器狗哪有它乖！

143

顶尊跪坐人像和大型青铜立人神兽跨坑合体

你还记得K8祭祀坑第一次成功合体的器物吗？在那之后……2023年1月1日，K8祭祀坑的大型"青铜立人神兽"和K3祭祀坑"顶尊跪坐人像"在3000年后"再聚首"啦！

它们合体后有了新的含义！代表大地的神兽驮着祭祀者，祭祀者顶着尊进行祭祀。

在三维扫描技术帮助下拼对成功

我们再也不分开了，你开心吗？

你好重哦！

这里青铜神兽代表大地。

人顶尊在三星堆器物中反复出现，代表古蜀人重视祭祀，用祭祀表达对神和祖先的敬意。古蜀人告诉我们永远都不要忘记对自然宇宙充满敬畏！

K8祭祀坑是古蜀人最晚挖掘的祭祀坑，这尊大型神坛可算得上K8祭祀坑的"镇坑之宝"，它上面的人物众多、造型复杂。让我们看看这些人在神坛上干什么呢？

它的第三层被压断了。专家说第三层原本用"铜人骑神兽"造型代表"天堂"。

中层原本有十三尊铜人，展现三星堆古城举行祭祀时的场面。抬神兽的人身穿长袖紧身短裙，打赤脚，跪坐的人手中应该握着礼器。

我们各司其职。

大型十三人组神坛 残件

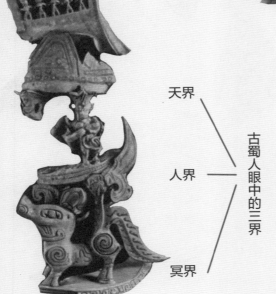

天界 — 人界 — 冥界

古蜀人眼中的三界

K2 祭祀坑出土的残缺神坛
这座神坛和"三星堆神坛双兽"一样，都塑造的是"三界"。

天狗

长得像白脑袋狸猫，叫声像猫叫一样，是可以抵御凶邪的吉兽。

盘瓠（hù）

由老妇人耳朵里掏出的虫子变成的五彩龙犬。

祸斗

火神身边的助手犬，全身黑毛，尾巴分叉，以火为食。

"四翼小神兽"属于哪类神犬呢？

和古蜀三星堆有关的神犬是哮天犬和盘瓠。哮天犬是蜀地神二郎神的神犬。盘瓠是只"武犬"，帮助一位叫高辛氏的国王打败敌人，后来化身成人建立了西南各部落。古蜀人很可能把盘瓠当成英雄、神兽崇拜。"四翼小神兽"很可能和盘瓠是同类神犬。

虎头龙身青铜像，是几种动物的合体？

在"虎头龙身青铜像"上能找到它们吗？

北方玄武
居住在北海的北方神兽，又叫龟蛇。估计它不会到四川，铜像上就没铸它。

"四象"在此！"四象"指镇守四方的神兽。

我乃天之贵神，四象之首！

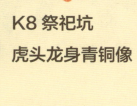

K8 祭祀坑
虎头龙身青铜像

东方青龙
龙，大中华的标志。

南方朱雀
像五彩鸡，比凤凰尊贵，爱挑食。作为南方兽神有资格和青龙、白虎出现在同一青铜器上。

我们来分析下这造型

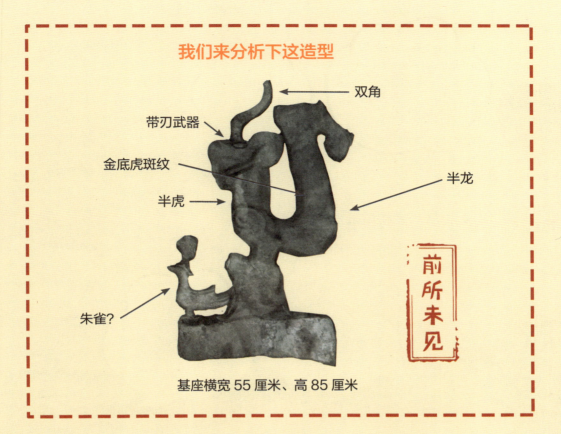

- 双角
- 带刃武器
- 金底虎斑纹
- 半龙
- 半虎
- 朱雀？

前所未见

基座横宽 55 厘米、高 85 厘米

西方白虎

尊贵的象征，军队中的偶像。

猪会拉低龙的身份吗？

它的鼻子四周都是玉牙璋纹，贵气得很！

铜猪鼻龙形器

- 既是犄角也是耳朵
- 筒状直径 15 厘米 长 120~130 厘米
- 两眼之间 20 厘米
- 纵目
- 方鼻
- 方齿

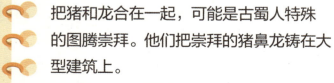

把猪和龙合在一起，可能是古蜀人特殊的图腾崇拜。他们把崇拜的猪鼻龙铸在大型建筑上。

猪头神,地位比青龙、白虎高

> 我当裁判,你们掐!

猪鼻龙,龙还要和猪攀亲戚吗?

洛阳道北路西汉卜千秋墓壁画

在古代很多地方都有猪和龙的图腾崇拜。在西汉中期有一位名叫卜千秋的郡级官吏。他的墓室壁画就有猪、龙同框场景。不知这种对猪龙的崇拜是古蜀传向中原,还是中原传向古蜀的呢?

握龙者戴鹿角帽立人像

这场古蜀穿越之旅下来，连小蜀都对三星堆文物有了新的认识。

> 它增加了人们对青铜大立人像手握物的猜想。

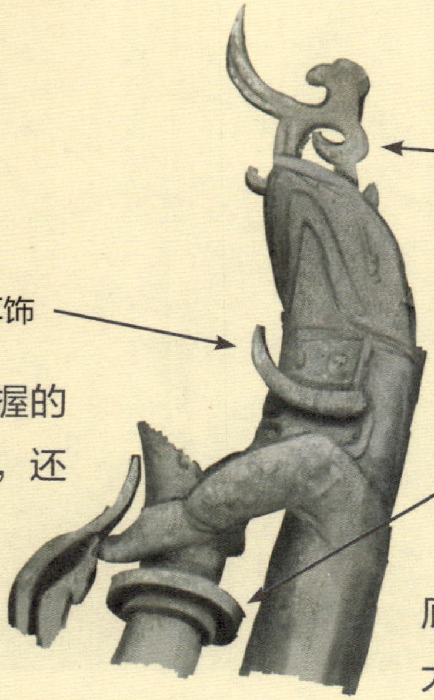

尖鹿角帽

以象牙为耳饰

在祭祀中，大祭司手握的可能是象牙、玉牙璋，还可能是U型龙头杖。

U型龙头杖，可能专在祭祀时用。

底部有断茬，推测是大青铜器上的配件。

K8 祭祀坑 握龙者戴鹿角帽立人像

这尊人像最大的特点：头戴鹿角尖帽，以象牙为耳饰。

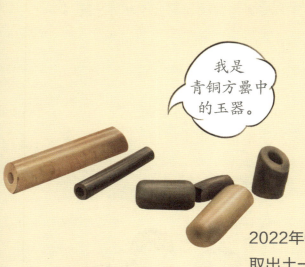

我是青铜方罍中的玉器。

2022年6月13日从8号坑东北角提取出土一件青铜方罍。可惜它出土时已经破裂。但它仍有值得关注的特别之处。

特别之处是青铜方罍的厚度只有0.5毫米，工艺精湛。它里面有上百件玉珠玉片，几十枚海贝，真是个百宝箱。古蜀人把这个百宝箱埋在地下，好像冥冥中等待我们发现……

古蜀人可能用它们串项链、手链。就是不知道是怎么串起来的？

后记 住在三星堆的古蜀人搬去了哪里？

第九章 第一站金沙遗址

生活在开明王朝的古蜀人遇到了大灾难，他们不得不舍弃老家，前往新家金沙……他们遇到了什么大灾难呢？三星堆大灾难猜想。

古蜀人为什么要去金沙？

大灾难猜测1：权力斗争，外敌入侵。

开明王朝时期，三星堆的两大族人打起来了，其中一个部族勾结了外族打自己人，害得古蜀人在战火连天中撤退。

金沙遗址小铜立人像为什么头戴十三芒太阳涡形帽？

因为帽子周边的十三道弧形象征着太阳的光芒，所以这太阳帽大概叫"十三芒"帽吧。看这打扮的"小铜立人像"可能是光明使者。

我的身份高贵。

通高 19.6 厘米
人物高 14.6 厘米
插件高 4.99 厘米

大灾难猜测 2：洪水、山体滑坡、地震。

古蜀人离开时正是气候灾变期，本来就有水患的三星堆发生了洪水、山体滑坡、地震。公元前1099年，一场地震引发了山崩、滑坡、河流改道，使三星堆遭受大洪水。

我也在做祭祀。

他们对虎还是很崇拜滴！

在金沙扎下根来的三星堆后人，继续用三星堆的石器、陶器、玉器、金器、铜器，丰富着古蜀文明。

古蜀人心中的太阳和金乌

三星堆后人还把对鸟和太阳的崇拜带到了金沙。"太阳神鸟金饰"和"四鸟奔日金箔"是他们以古老的《金乌负日》故事作蓝本,脑洞大开做出的工艺品。

这是一个古老的故事……天上的十日中心各有一只黑色的三足乌鸦，它们是太阳东升西落的搬运工，它们的"报酬"是得到金色阳光的照耀，最后成为"金乌"。十只金乌干得辛苦，人们热得难受。这种日子被一个叫后羿的神箭手终结了！他用神箭射下了九个太阳，从此，只有一只金乌365天无休地工作。

周而复始 循环往复

外径 12.5 厘米
内径 5.29 厘米

厚度 0.02 厘米
重量 20 克

金沙遗址太阳神鸟金饰

12条齿状光芒＝一年十二个月
四只鸟＝一年四季
"金乌负日"的故事普及到古蜀国时，匠人就创造出了"太阳神鸟金饰"。

外直径：8~15.5 厘米
厚度均为：0.02 厘米

四鸟奔日金箔

这套四鸟奔日金箔，共有12件。每件四鸟奔日金箔中心太阳图案中的齿状是12条。对应着一年12个月。那太阳图案外的四只鸟应该就是每年轮换的四季了。展翅的飞鸟和右转的齿芒象征着一年四季周而复始。

神鸟像大红鹳却不像乌鸦，这是为什么？2012年11月在广汉鸭子河发现过一只大红鹳，那大红鹳的外形和神鸟有点像。又喜欢在秋冬迁徙到气候温暖地带。3000多年前的古蜀人也可能在温暖的水泽旁见过它们飞来的身影，便爱上了它黄昏下金色的羽毛，并把它作为金饰的原型。

第十章 第二站十二桥遗址

蜀王住大型木结构宫殿，百姓则把木桩埋在地下，在木桩与地面相距几米处搭建木质房屋用来居住。这种小型的干栏式建筑特别适合生活在潮湿多雨环境中的蜀地人居住。

竹编墙壁抹泥浆，悬空架地梁铺地板……

他们吃得也讲究，鱼要现捕的、猪要养够十个月的。

他们的生活相当丰富，捕鱼、骑马、放牛、养狗，逢年过节祭祀是必修课。

我招谁惹谁了！

以前望帝就听说这儿不错,但他不相信,一直没飞来过,这次被小川他们"骗"来才知道……

这儿真是古蜀文明的精髓。

这儿装着从公元前5000年到春秋前,古蜀人创造的脑洞神器。三星堆博物馆新馆的外立面采用玻璃幕墙和青铜遮阳板,主体部分采用天然花岗岩石,现已正式运行。

作 者

黄晶,科普作者。曾出版过《漫画新科技—高新材料》和《孩子读得懂的未来简史》。此外还在浙江省刊物《山海经时空地图》上发表过《宠粉?追星?漫画大师也"疯狂"》《北宋真隐士林逋》《"官场大侠"李频》,在刊物《山海经少年说》上发表过《春秋时期的"消防专家"》《"南宋明星"文天祥》等文章。

绘 者

乔梁,笔名明天去放羊,新生代插画师,美术编辑,曾绘制少儿科普《儿童兵器百科》、儿童文学《小暖壶》《小房子的心情曲》等。